Matthias Matting
Tolino Shine 2 HD
Das inoffizielle Handbuch
Anleitung, Tipps, Tricks

AF138689

Matthias Matting

Tolino Shine 2 HD

Das inoffizielle Handbuch
Anleitung, Tipps, Tricks

Herstellung und Verlag:
BoD - Books on Demand, Norderstedt
ISBN 978-3-7386-5493-6

Inhalt

Vorwort zur ersten Auflage

Liebe Leserin, lieber Leser,

Der Tolino Shine 2 HD, den es ausführlich beschreibt, ist gleich in mehrerer Hinsicht sehr spannend. Zum einen ist er ein Teil der deutschen Hoffnung im globalen Wettbewerb um den eBook-Markt. Die Partner Thalia, Weltbild, Hugendubel, Club Bertelsmann, Libri und Telekom haben nicht mehr viele Gelegenheiten, der Dominanz des Kindle-Systems etwas entgegenzusetzen. Zwar sind erst etwa acht Prozent der Umsätze im deutschen Buchmarkt digital – doch nur dieser Bereich wächst. In drei Jahren, schätzen Experten, dürften es bereits 25 Prozent sein.

Doch der Tolino ist natürlich nicht nur ein politisches Vorhaben, er ist auch ein sehr gut gelungener eReader, mit Features, die die Konkurrenz nicht zu bieten hat. Zudem macht er ein Versprechen wahr, das Amazon und Apple prinzipiell nicht einlösen können – nämlich eBooks anbieterunabhängig kaufen zu können. Wie das funktioniert, wo Sie Bücher leihen oder auch kostenlos downloaden können, wie Sie Ihren Tolino Shine 2 HD wirklich ausnutzen, all das erfahren Sie in diesem Buch.

Ich hoffe, Sie sind mit meinem eBook zufrieden. Wenn

nicht, freue ich mich über Ihre Verbesserungsvorschläge. Auch Fragen und Ideen nehme ich stets gern unter der Adresse *matting@matting.de* (mailto://matting@matting.de) oder auf der Facebook-Seite *https://www.facebook.com/TolinoShine* entgegen. Das eBook wird übrigens regelmäßig aktualisiert und an neue Geräte-Updates angepasst. Wenn Sie (natürlich kostenlos) die verbesserte Version erhalten wollen, registrieren Sie sich bitte einfach über *http://self-publisherbibel.de/abonnieren/* bei mir. Sie erhalten dann bei Vorliegen einer neuen Version eine Nachricht.

Viel Spaß mit Ihrem Tolino wünscht

Matthias Matting

Eine Einladung!

Die Quantenphysik steckt voller überraschender, seltsamer, ja befremdlicher Phänomene, die sich dem gesunden Menschenverstand zu entziehen scheinen. Teilchen, die sich an mehreren Orten zugleich befinden, ein Vakuum, das nicht leer ist, Computer, die rechnen, ohne die Aufgabe zu kennen, Systeme, über Milliarden Lichtjahre getrennt, die sich trotzdem gleichzeitig verändern: Selbst berühmte Forscher meinen manchmal, die Quantenphysik müsse sich irren. Oder sei zumindest generell unverständlich. Dieses Buch versucht, das Gegenteil zu beweisen: „Die faszinierende Welt der Quanten" finden Sie beim eBook-Händler Ihres Vertrauens oder hier: *www.faszinierende-physik.de*.

Eine Vorstellung!

Darf ich Sie einladen? Ich würde Sie gern auf eine spannende Reise durch unsere weite Heimat entführen. Wir biegen beim Virgo-Superhaufen von der intergalaktischen Autobahn ab, fahren bis zur lokalen Gruppe und suchen den Orionarm der Milchstraße. Zwischen Alpha Centauri, Barnards Stern und Wolf 359 versteckt sich ein wahres Kleinod, das Sonnensystem. 4,6 Milliarden Jahre alt, mit einem Zentralgestirn der Hauptreihenklasse G2, bestehend aus acht Planeten, einigen Zwergplaneten, Hunderttausenden Kleinplaneten und zahllosen Kometen. „Die neue Biografie des Sonnensystems" (überall im eBook-Handel, siehe *www. biografie-des-universums.de*) klärt Sie darüber auf.

Einen eReader kaufen

Etwa ein Viertel aller Deutschen liest bereits elektronisch. Sie gehören vielleicht schon dazu – oder überlegen Sie noch? Falls Sie noch gar keinen eReader besitzen, erfahren Sie hier, wie Sie das richtige Modell finden. Denn womöglich ist der Tolino Shine 2 HD ja gar nicht das perfekte Modell für Sie. Oder Sie suchen nach einem Zweitgerät für Partner oder Kinder.

eReader oder Tablet?

Die eInk-Technik, wie Sie unter anderem die Tolino-E-Reader bieten, ist sehr kontrastreich und erlaubt erschöpfungsarmes Lesen. Selbst in der hellen Sonne kann man noch problemlos schmökern. Der Tolino Shine 2 HD profitiert hier von einem besonders scharfen Bildschirm, der 1448 x 1072 Punkte anzeigt.

Wie es nachts aussieht, hängt vom Modell ab. Günstigere Geräte (ab 50 Euro erhältlich) leuchten nicht selbst. Dafür brauchen Sie dann nachts eine Lampe, die womöglich den Partner stört. Der Tolino Shine 2 HD hingegen besitzt eine eingebaute Beleuchtung. Am unteren Rand seines Displays

Matthias Matting

sitzen LED-Lämpchen, deren Licht spezielle Mikrofasern über den gesamten Bildschirm verteilen.

Strom verbraucht ein eReader nur, wenn man den Bildschirminhalt ändert, also blättert. Lesen Sie einfach nur, braucht Ihr eReader keine Energie, also hält auch der Akku wochenlang. Eine grundlegende Eigenschaft (und ein Nachteil) von eInk-Geräten ist, dass dieser Umschaltvorgang recht langsam abläuft, deshalb sind solche Geräte auch nicht videofähig. Farbige elektronische Tinte ist derzeit noch so teuer, dass sie in eReadern nicht eingesetzt wird, man muss also mit Bildern in maximal 16 Graustufen leben. Für bildlastige Werke (Kochbücher, Reiseführer...) ist das nicht ideal.

Diese Nachteile haben Geräte nicht, die mit der auch vom Computerbildschirm bekannten LCD-Technik arbeiten. Das bekannteste Modell dieser so genannten Tablets ist sicher das iPad. Aber auch von Google, Amazon, Samsung und von der Tolino-Allianz („Tolino Tab") gibt es Tablets in den unterschiedlichsten Größen. Das Bild dieser Geräte ist farbig und auch im Dunklen ablesbar, zudem lassen sich Bewegtbilder abspielen und Apps (Programme) installieren. Dafür ist der Akku relativ schnell leer, mehr als sieben oder acht Stunden Laufzeit sind kaum möglich. Und man kann nicht im Freien lesen, wenn die Sonne scheint – je heller es ist, desto anstrengender wird es.

Bequemer einkaufen

eBook-Reader lassen sich auch danach differenzieren, wie bequem der Leser an seine Schmöker kommt. Bei den bekannten Modellen der großen Hersteller, die alle mit WLAN-Empfang ausgestattet sind, ist das komfortabel geregelt: Einfach den

Shop auf dem Reader aufrufen. Ein PC wird nicht benötigt, kann aber zum Einsatz kommen, wenn kein WLAN zur Verfügung steht oder Sie bei der Konkurrenz einkaufen wollen. Beim Tolino Shine 2 HD hängt der Komfortgrad davon ab, wo Sie einkaufen. Nutzen Sie den Onlineshop der Firma, in der Sie auch das Gerät gekauft haben, ist alles ganz simpel. Kaufen Sie hingegen bei der Konkurrenz, wird es komplizierter. Immerhin bietet Ihnen der Tolino die Möglichkeit, anderswo zu shoppen – Besitzer eines Amazon- oder Apple-Geräts können nur beim Geräte-Hersteller neuen Lesestoff erwerben.

Das elektronische Buchangebot in deutscher Sprache scheint zwar derzeit noch knapp (je nach Anbieter werden bis zu 300.000 E-Titel gezählt, aber 1,2 Millionen lieferbarer Druck-Titel), doch das bezieht sich nicht auf Neuerscheinungen. Mindestens neun von zehn Titeln der Bestseller-Listen sind in der Regel elektronisch erhältlich. Auch die Verlage bemühen sich mehr und mehr, die E-Book-Ausgabe zeitnah mit der Printversion herauszubringen. Im Vergleich zum gedruckten Buch sparen E-Leser meist etwa 20 Prozent.

Platz da!

Gern stellen die Hersteller heraus, wieviel Speicher ihre Lesegeräte besitzen. Tatsächlich ist diese Angabe gar nicht so wichtig, weil elektronische Bücher nicht viel Platz brauchen. Selbst auf einem Gigabyte Speicher bekommt man schon 1000 E-Books unter. Wichtig ist viel Speicher nur, wenn man den E-Book-Reader auch zu anderen Zwecken einsetzen will, etwa zum Musikhören oder als Fotoarchiv – manche Geräte (nicht aber der Tolino Shine 2 HD) bieten solche Funktionen.

Dann ist es auch praktisch, wenn man die Kapazität mit Speicherkarten (meist MicroSD-Format) erweitern kann – was beim Tolino Shine 2 HD nicht möglich ist. Viel wichtiger gerade für Vielleser ist allerdings, wie schwer das Lesegerät ist. Selbst 100 Gramm Unterschied machen viel aus, wenn man ein Gerät lange in der Hand hält. Der Tolino Vision 3 wiegt fast 30 Gramm weniger als sein direkter Konkurrent Amazon Paperwhite – das ist nicht viel, könnte sich aber nach vielen Lesestunden bemerkbar machen.

Bleib bei mir

Problematisch ist, dass E-Reader-Besitzer nicht bei jedem Anbieter Bücher kaufen können. Amazon hält als Marktführer sein System geschlossen, der Kindle verarbeitet nur Bücher in Amazons eigenem Standard. Ähnlich verfährt Apple. Alle anderen Unternehmen haben sich auf das ePub-Format geeinigt. Wer also einen E-Reader von Sony, Thalia, Kobo oder Weltbild oder eben den Tolino Shine 2 HD besitzt, kann auch bei den jeweils konkurrierenden Anbietern shoppen. Er kann sogar bei vielen Stadtbibliotheken E-Books ausleihen.

Was beim Print-Buch noch simpel war, will die Branche dem E-Book-Käufer austreiben: Digitale Bücher lassen sich nicht ohne weiteres weitergeben oder verkaufen. Das verhindert ein DRM (Digital Rights Management), dessen Umgehung in Deutschland illegal ist. Viele Anbieter lassen es allerdings zu, dass man ein E-Book auf mehreren verschiedenen Geräten liest. Bei Amazon dürfen es gleichzeitig bis zu sechs Geräte sein, beim Tolino Shine 2 HD sind fünf erlaubt.

Lesen an Computer und Handy

Es ist gar nicht unbedingt nötig, zum elektronischen Lesen ein neues Display anzuschaffen. Apps, die E-Books anzeigen, gibt es von den verschiedenen Händlern (natürlich auch von Weltbild, Thalia oder Hugendubel) für so gut wie jedes Betriebssystem. Das Lesen am Computer- oder Handy-Bildschirm ist allerdings in der Regel weniger komfortabel als auf dem E-Reader.

Dafür zeigen die Geräte aber problemlos Farbe an. Zugriff auf Apples iBookStore hat man gar nur über Apples iBooks-App, die es für iPad und iPhone gibt.

Was für den Tolino Shine 2 HD spricht

Zusammenfassend alle Argumente, die für den Kauf eines Tolino Shine 2 HD sprechen:
- Beleuchtetes, hoch aufgelöstes Display
- Bücher von mehreren Anbietern anzeigbar
- Geringes Gewicht
- Lange Akkulaufzeit
- Bücher aus Bibliotheken ausleihbar

Was gegen den Tolino spricht

Wie bei jedem anderen Produkt, gibt es auch Gegenargumente.
- Keine Farbe anzeigbar
- eBooks von Amazon und Apple nicht kompatibel

Matthias Matting

- eingebauter eBook-Shop fest verdrahtet, Anbieterwechsel möglich, aber komplizierter
- etwas weniger Funktionen als bei anderen eReadern, keine Musik- oder Vorlese-Funktion

Welches Modell?

Auch ein teureres Modell, der Tolino Vision 3 HD, ist im Handel erhältlich. Er kostet ein paar Euro mehr. Sein Bildschirm hat dieselbe Auflösung, ist aber noch ausgeglichener beleuchtet. Außerdem sieht dieses Modell eleganter aus und ist wasserdicht. Ansonsten gibt es keine Unterschiede.

Beim Gebrauchtkauf eines Tolino-eReaders sollten Sie aufpassen, welche Geräteversion Sie erhalten. Beim Tolino shine gab es mehrere Revisionen. Vor dem Herbst 2013 gekaufte Geräte sind langsamer als danach erworbene, das sollte der Anbieter beim Preis berücksichtigen. Im Einstellungs-Menü können Sie die alte Version an der Seriennummer erkennen: Liegt diese unter **20311241**, haben Sie das alte Modell vor sich.

Beim Tolino vision gibt es einen wesentlichen Unterschied zwischen den Modellen 1 und 2: Erst der Tolino vision 2 ist wasserdicht. Beide haben zwar identische Fähigkeiten, aber wer gern in der Badewanne liest, sollte das beachten. Beide Modelle besitzen einen weniger scharfen Bildschirm als der Tolino Vision 3 HD.

Ebenfalls im Angebot sind seit einiger Zeit die Tolino Tabs in verschiedenen Bildschirmgrößen. Dabei handelt es sich (wie oben beschrieben) um Tablets – mit all ihren Nachteilen (in der Sonne nicht ablesbar, kurze Akkulaufzeit), aber auch

Vorteilen (nicht nur zum Lesen nutzbar). Die gute Nachricht: Auch wenn Sie sich zwei Tolino-Geräte zulegen, müssen Sie eBooks nicht doppelt kaufen. Auf jedem Tolino-Account können bis zu fünf Geräte angemeldet sein.

Ihr neuer Tolino Shine 2 HD

Wussten Sie, dass Ihr neuer eReader unter dem Android-System läuft (und zwar in Version 4.0.4)? Vielleicht besitzen Sie ja bereits ein Handy oder Tablet mit Android. Allerdings ist davon im Alltag nichts zu bemerken, der eReader besitzt eine eigene Oberfläche. Entworfen wurde das Gerät von Telekom-Ingenieuren, bauen ließ es die Firma Longvision in Asien.

Der eInk-Bildschirm

Das Gerät, das Sie jetzt idealerweise vor sich haben, besteht auf den ersten Blick nur aus einem großen Bildschirm. Das Display besitzt eine Auflösung von 1072 x 1448 Punkten. Es arbeitet, wie eingangs schon erklärt, mit eInk-Technik: In winzigen Kämmerchen befindet sich tatsächlich eine tintenähnliche, dunkle Flüssigkeit, in der weiße Kügelchen schwimmen. Je nachdem, welche Spannung anliegt, kommen die Kügelchen an die Oberfläche (der Bildpunkt wird weiß) oder bleiben unten und man sieht das dunkle Öl. Insgesamt sind so 16 Graustufen darstellbar.

Der Vorteil des Verfahrens: Das Bild bleibt erhalten, ohne dass man dafür Energie aufwenden müsste – man spricht deshalb auch von einem bistabilen Display. Deshalb kann ein eReader über Wochen ein Bild zeigen, ohne dass der Akku zur Neige geht. Es macht insofern auch keinen Unterschied, ob man das Gerät lediglich schlafen schickt oder ganz ausschaltet. Strom wird erst verbraucht, wenn sich der Bildschirminhalt ändert – also beim Lesen. Deshalb geben eReader-Hersteller die Akkulaufzeit auch gern in soundsovielen Seitenwechseln an. Das ist auch genauer als die beliebte Werbung „hält x Wochen". Beim Blick ins Kleingedruckte erfährt man dann nämlich: „... bei einer Stunde Lesen pro Tag". Ist das realistisch? In einem verregneten Urlaub wohl nicht.

Die eInk-Technik hat außerdem den kleinen Nachteil, dass sie deutlich langsamer arbeitet als andere Displaytypen, deshalb muss man beim Umblättern ein wenig warten. Aber muss man das beim Blättern in einem echten Buch nicht auch? Was allerdings ebenfalls kräftig Energie verbraucht, sind der Onlinezugang via WLAN und die Beleuchtung des Bildschirms, die der Tolino Shine 2 HD bietet. Um im Urlaub Akkukapazität zu sparen, sollte man das WLAN deaktivieren, wenn es nicht gebraucht wird, und das Licht zumindest tagsüber ausschalten. Der Bildschirm-Hintergrund erscheint sowieso umso heller, je heller die Umgebung ist.

Der Touchscreen

Während manch anderer eReader eine physische Tastatur mitbringt, arbeitet der Tolino Shine 2 HD mit einem Touchscreen. Dabei setzt man nicht mehr wie bei früheren Geräten auf einen Infrarot-Touchscreen, sondern setzt ein kapazitives Modell ein, das etwa auch iPhone und iPad verwenden. Das hat den Vorteil, dass auch Wisch- und Zoom-Bewegungen mit dem Finger möglich sind. Darüber können Sie in eBooks zum Beispiel die Schriftgröße verändern.

Beim Tolino Shine 2 HD haben die Ingenieure noch eine zusätzliche Ebene eingezogen. Über das Display ziehen sich dünne Lichtleiter, die den kompletten Bildschirm erleuchten, und zwar aus Lichtquellen am Bildschirmrand. Diese fünf LEDs leuchten in einem neutralen Weiß. Dadurch sieht der Bildschirm des Tolino Shine 2 HD zum einen noch mehr wie Papier aus. Zum anderen aber braucht man durch die Vordergrundbeleuchtung keine Lampe, um bei Dunkelheit darauf zu lesen.

Knöpfe und Anschlüsse

Zum Anschalten des eReaders tippen Sie kurz auf den Schalter des Geräts, den sie an seinem linken oberen Ende finden. Wie lange Sie den Schalter halten müssen, hängt davon ab, ob er nur mal kurz geschlummert hat oder sich im Tiefschlaf befand. Wenn sich nach einem kurzen Antippen der Einschalttaste nichts tut, betätigen Sie sie deshalb einfach mal für wenigstens fünf Sekunden. Als Reaktion sollte danach etwas auf dem Bildschirm passieren.

Wenn Sie den Tolino zur Ruhe legen wollen, tippen Sie den Power-Schalter kurz erneut an. Sie können das Gerät aber auch ganz ausschalten: Drücken Sie den Schalter länger, dann bietet Ihnen der Tolino die Optionen „Ausschalten",

„Neu starten" und „Abbrechen" an. Ein Neustart ist auch immer dann sinnvoll, wenn sich das Gerät mal etwas seltsam verhält.

Der Unterschied zwischen Ruhezustand und Ausschalten besteht darin, dass sich das Gerät im Ruhezustand merkt, welches Buch Sie gerade an welcher Stelle gelesen haben und Sie nach dem Start direkt wieder dorthin bringt. Nach dem kompletten Ausschalten dauert der Start des Systems etwas länger, und Sie landen auf jeden Fall auf der Startseite.

Am rechten oberen Rand des Gehäuses befindet sich noch eine zweite kleine Taste. Einmal antippen, und die Display-Beleuchtung schaltet sich ein. Selbst in der kleinsten Stufe werden Sie den Unterschied bemerken.

Neue Energie verschafft man dem Akku via USB. Das ist die kleine Buchse am unteren Rand des Gehäuses, genau unterhalb des Home-Knopfes. Das Laden erfolgt entweder mit eigenem Ladegerät (im Lieferumfang ist keines, doch auch das des iPhone oder iPad funktioniert!) oder via Computer. Wenn man in letzterem Fall während des Ladevorgangs weiterlesen will, ist es erforderlich, das Laufwerks-Icon des Tolino am Computer auszuwerfen (rechter Mausklick!). Dass der Tolino Shine 2 HD gerade lädt und wie weit er dabei ist, erkennen Sie an dem Akkusymbol rechts oben in der obersten Zeile des Bildschirms.

Falls das dem Tolino mitgelieferte USB-Kabel mal verschwindet, kann man es leicht ersetzen – jedes andere USB-Kabel mit Micro-USB-Anschluss erfüllt denselben Zweck. Der Anschluss ist inzwischen auch bei so vielen Handys verbreitet, dass sie ein passendes Kabel vermutlich sowieso schon im Haus haben.

Direkt unter dem Bildschirm sitzt beim Tolino Shine 2

HD eine rechteckige „Taste" – in Anführungszeichen, weil es sich eher um ein berührungsempfindliches Feld handelt. Dabei handelt es sich um den Home-Knopf, dessen Betätigung sie stets wieder zurück in das Hauptmenü bringt. Weitere Funktionen besitzt dieser Knopf (anders als beim iPhone) nicht.

Rechts neben der MicroUSB-Buchse an der Unterseite hatte der Hersteller bei „alten" Tolino-Modellen noch einen Einschub vorgesehen. Er nahm eine MicroSD-Speicherkarte mit bis zu 32 Gigabyte Kapazität auf. Diese wirklich winzigen Kärtchen erweitern die im Normalzustand auf 4 Gigabyte begrenzte Kapazität des Tolino also beträchtlich.

Beim Tolino Shine 2 HD gibt es diesen Einschub nicht mehr.

Wenn sich gar nichts mehr tut und auch der Ausschalter nicht mehr reagiert, hat der Hersteller noch einen Notfall-Knopf vorgesehen. Diesen Reset-Knopf finden Sie beim Tolino Shine 2 HD rechts von der MicroUSB-Buchse zum Aufladen des Geräts. In das kleine Loch müssen Sie mit einer Nadel oder einer umgebogenen Büroklammer pieksen, um ein Rücksetzen des Geräts auszulösen.

Die Ersteinrichtung

Den allerersten Start Ihres Tolino Shine 2 HD haben Sie vermutlich schon hinter sich. Wenn nicht, müssen Sie sich keine Sorgen machen: Der eReader erzählt am Anfang ein bisschen über sich und macht Sie so mit den Grundlagen vertraut. Im Grunde können Sie das Gerät danach schon nutzen. Allerdings verhält es sich dann wie jeder x-beliebige eReader, bietet also noch nicht den Komfort, von dem die Werbung Ihnen vorgeschwärmt hat.

Damit der Tolino Shine 2 HD wirklich leisten kann, wofür er entworfen wurde, benötigt er drei Voraussetzungen: Eine WLAN-Verbindung ins Internet, einen Zugang zu einem Online-Buchladen und eine Art Code für das vom Tolino verwendete Adobe-Kopierschutzsystem.

WLAN einrichten

Die WLAN-Verbindung sollten Sie zuerst einrichten. Dazu brauchen Sie nur irgendeine Aktivität zu starten, für die eine Internetverbindung nötig ist. Tippen Sie zum Beispiel auf den Buchladen in der unteren Hälfte des Startbildschirms. Alternativ können Sie stets auch das kleine, aus drei Querstrichen bestehende Symbol oben links antippen. Es führt sie brav in das Einstellungsmenü, aus dem Sie dann „WLAN und Flugmodus" wählen.

Es öffnet sich ein Bildschirm, der alle in Reichweite befindlichen WiFi-Netze auflistet. Die Funksymbole am rechten Rand zeigen, wie gut der Empfang ist. Keine Sorge, wenn Ihres noch nicht dabei ist, können Sie auch eine Seite weiter blättern. Ein Schloss-Symbol zeigt, dass die Verbindung verschlüsselt ist – dann brauchen Sie ein Passwort. Doch auch bei auf den ersten Blick unverschlüsselten Netzen brauchen Sie womöglich ein Kennwort, das Sie dann später im Browser eingeben müssen. In vielen Hotels werden WLANs auf diese Weise verwaltet.

Da solche Funknetze, auch WLAN oder WiFi-Netz genannt, stationär sind, ist nach einem Ortswechsel (vom Zuhause ins

Büro oder in den Urlaub) eine erneute Einrichtung nötig. Immerhin merkt sich der Tolino Shine 2 HD, was Sie ihm früher beigebracht haben: Wenn Sie aus dem Urlaub wieder nach Hause kommen, verbindet er sich ohne Ihr Zutun mit dem bereits bekannten Funknetz. Wenn er damit allerdings aus irgendeinem Grund Schwierigkeiten hat, vergisst er das Kennwort auch gern wieder und Sie müssen sich neu anmelden.

Wenn Sie zuhause sind, wissen Sie ja, wie Ihr Passwort lautet, und können es im folgenden Schritt eintippen. Sobald Sie auf das Eingabefeld getippt haben, öffnet sich automatisch eine Bildschirm-Tastatur, die alle nötigen Zeichen enthält.

Woher nehmen? Damit Sie in Ihrer Wohnung auf ein WLAN zugreifen können, müssen Sie dieses zunächst eingerichtet haben – Sie können im Normalfall nicht einfach das Netz Ihrer Nachbarn benutzen. Wenn Sie bereits mit einem unverkabelten Computer (etwa Notebook oder iPad) im Internet surfen, dann besitzen Sie auch ein geeignetes WLAN. Nun müssen Sie nur noch dessen Namen herausfinden und das zugehörige Passwort in Erfahrung bringen.

Dieses Kennwort ist nicht mit Ihrem Computer-Kennwort identisch. Vielmehr wurde es vom Hersteller Ihres WLAN-Routers voreingestellt oder aber von Ihnen oder einem Helfer beim Einrichten Ihres WLANs neu vergeben. Oft ist es auf der Unterseite des WLAN-Routers aufgedruckt oder im Router-Handbuch abgedruckt. Den Router finden Sie in der Nähe Ihres Telefonanschlusses, es handelt sich meist um eine kleine Plastikschachtel mit mehreren bunten Lämpchen. Manchmal wird es auch Netzwerk-Schlüssel, Passphrase, Security Key oder Netzwerk-Kennwort genannt. Wenn Sie das Kennwort auf keinem dieser Wege finden, müssen Sie sich mit Hilfe des Router-Handbuchs in die Verwaltungs-Oberfläche Ihres Routers einklinken – wie das genau funktioniert, ist von Modell zu Modell aber sehr verschieden.

Den Namen Ihres Funknetzes haben Sie bei dessen Einrichtung festgelegt. Wenn Sie die Vorgabe des Herstellers des WLAN-Routers verwendet haben, besteht er meist aus der Gerätebezeichnung und einem Code, etwa „EasyBox-1AD865" oder „Fritz!Box 3170". Sie konnten bei der Einrichtung aber auch völlig eigene Bezeichnungen einsetzen. Einige Hersteller drucken den Standard-Namen des WLANs auf die Unterseite des Routers oder ins Handbuch, er wird oft auch SSID genannt. Wenn Sie sich nicht mehr sicher sind, können Sie entweder nachsehen, mit welchem WLAN Ihr Computer verbunden ist oder auch einfach die vorhandenen WLANs mit Ihrem Kennwort durchprobieren.

Telekom-Hotspots

Falls Sie, etwa am Bahnhof oder auf dem Flughafen, im Bereich eines Telekom-Hotspots sind, stellt der Tolino Shine 2 HD die Verbindung automatisch her, Sie müssen also nichts eintippen.

Wo sich der nächste Telekom-Hotspot befindet, können Sie über die Website *http://www.hotspot.de/content/hs_finden.html* ermitteln – das funktioniert auch vom Tolino aus. Wenn er WLAN hat...

WLAN-Kennwort funktioniert nicht

Doch was ist zu tun, wenn beim Login in ein WLAN eine Fehlermeldung erscheint? Die Ursachen können vielfältig sein. Haben Sie sich bei der Kennworteingabe auch nicht vertippt? Haben Sie das richtige Kennwort herausgefunden? Es ist auch möglich, dem WLAN-Router die Anmeldung neuer Geräte zu verbieten oder nur bestimmte Geräte zuzulassen. Der Router erkennt dann an der MAC-Adresse des Tolino Vision 3 HD (siehe „Geräteinformationen"), ob er zu den erlauben Geräten gehört. In jedem Fall werden Sie sich im nächsten Schritt in die Bedienoberfläche des Routers einloggen müssen, und zwar über Ihren Computer.

Wie das funktioniert, müssen Sie im Router-Handbuch nachlesen. Der Router ist meist zu erreichen, wenn man den Web-Browser des Computers startet und eine bestimmte Adresse eingibt – bei Routern von AVM zum Beispiel http://fritz.box. Da eine große Vielfalt an Routern auf dem Markt ist, kann ich hier leider nicht konkret weiterhelfen.

Verstecktes WLAN

Wenn Sie Ihr WLAN oben nicht in der Liste finden können, hat man bei der Einrichtung die Anzeige des Namens Ihres WLANs (die so genannte SSID) eventuell unterbunden. In diesem Fall müssen Sie an das Ende der Netzwerk-Liste navigieren und dort auf „Netzwerk hinzufügen" tippen. in dem Fenster, das sich daraufhin öffnet, ist oben der Netzwerk-Name (die SSID) einzutragen, darunter das Verschlüsselungsverfahren (meist WPA/WPA2) und schließlich das Kennwort. Ansonsten ist das Vorgehen identisch.

Die SSID ist oft auf der Unterseite des Routers aufgedruckt, oder sie wurde beim Einrichten des WLANs vergeben. Wenn Ihr Computer schon per Funk im Netz surft, können sie dort nachsehen, über welches WLAN (welche SSID) das erfolgt.

Onlineshop einrichten

Als nächstes benötigen Sie einen Zugang zu dem Onlineshop, der auf Ihrem Tolino vorinstalliert ist. Welcher

Anbieter das ist, hängt davon ab, wo Sie das Gerät gekauft haben. Sie können theoretisch auf diesen Zugang auch verzichten (falls Sie zum Beispiel generell lieber bei anderen Firmen shoppen) – dann können Sie aber über den eingebauten eBook-Laden nicht einkaufen, verzichten also auf Komfort.

Drücken Sie zum Eingeben Ihrer Daten auf den Home-Knopf unten und dann auf das Menü-Icon mit den drei Querstrichen oben links. Der zweite Menüpunkt unter „WLAN" ist Ihr Ziel. Er heißt „Meine Konten". Tippen Sie darauf, können Sie entweder Ihre vorhandenen Login-Daten eingeben (falls Sie je bei diesem Anbieter eBooks gekauft haben) oder aber einen neuen Account anlegen. Statt über den Tolino können Sie letzteres übrigens auch über die Website des Anbieters erledigen – Vorteile bietet dies jedoch nicht.

Die Neuregistrierung erfolgt in drei Schritten. Sie müssen Ihren Namen (Schritt 1), die Adresse (2, erscheint dann unter anderem auch auf den Rechnungen des Anbieters) sowie E-Mail-Adresse und gewünschtes Kennwort (3) eintippen. Falls Sie bereits eine Adobe-ID (siehe nächster Schritt) besitzen, nutzen Sie am besten die auch dafür eingetragene E-Mail-Adresse. Das ist aber nicht Pflicht. Kontrollieren Sie bitte auch Ihre E-Mail-Adresse, bevor Sie auf „Registrieren" tippen. Sie erhalten an diese Adresse danach eine Nachricht, über die Sie die Anschrift bestätigen müssen.

Mit der Neuanmeldung ist der Tolino Shine 2 HD noch nicht registriert. Sie müssen sich anschließend mit den nun beim Anbieter gespeicherten Daten unter „Sie haben bereits einen ... Login?" in das Konto einloggen.

Adobe-ID einrichten

Schließlich brauchen Sie auch noch eine Adobe-ID. Diese dient dazu, den bei den meisten eBooks vorhandenen Kopierschutz auf Sie persönlich zuzuschneiden. Diese ID (die die Form einer von Ihnen benutzten E-Mail-Adresse hat) wird von der Firma Adobe (dem Anbieter des meist verbreiteten Kopierschutzverfahrens für eBook) vergeben und verwaltet. Sie können sie bei allen eBook-Anbietern verwenden, die auf das Adobe-System (DRM) setzen. Das sind fast alle Anbieter – außer Amazon, Apple und solchen Unternehmen, die ganz auf DRM verzichten.

Um die Adobe-ID zu bekommen, müssen Sie sich am Computer auf die Seite *www.adobe.com/go/getadobeid_de* einwählen. Der Tolino warnt explizit davor, dafür den Webbrowser des eReaders zu benutzen, und tatsächlich führt der Aufruf dieser Seite auf dem Tolino zu einem Browser-Crash. Also – PC oder Notebook hochfahren und den oben genannten Link ansteuern. Unter dem „Anmelden"-Knopf finden Sie dort einen Link „Sie haben noch keine Adobe-ID?". Darauf klicken Sie.

Diesmal brauchen Sie deutlich weniger Angaben, nämlich E-Mail-Adresse, Name, Vorname und ein Kennwort. Nutzen Sie eine Adresse, auf die Sie auch in Jahren noch Zugriff haben werden, denn Ihre eBooks werden sich nur mit dieser ID lesen lassen. Beim Namen können Sie schwindeln, das wird nicht überprüft. An die genannte E-Mail-Adresse gibt's dann wie gewohnt eine E-Mail, die einen Link zur Adressüberprüfung enthält. Ist das erledigt, können Sie Ihre neue Adobe-ID endlich im Menü unter „Adobe Kopierschutz" eintragen.

Ohne Adobe-ID kommen Sie dauerhaft nur aus, wenn Sie lediglich eBooks ohne Kopierschutz auf Ihrem Tolino Shine

　　　　　　　　　　　　　　　　Matthias Matting

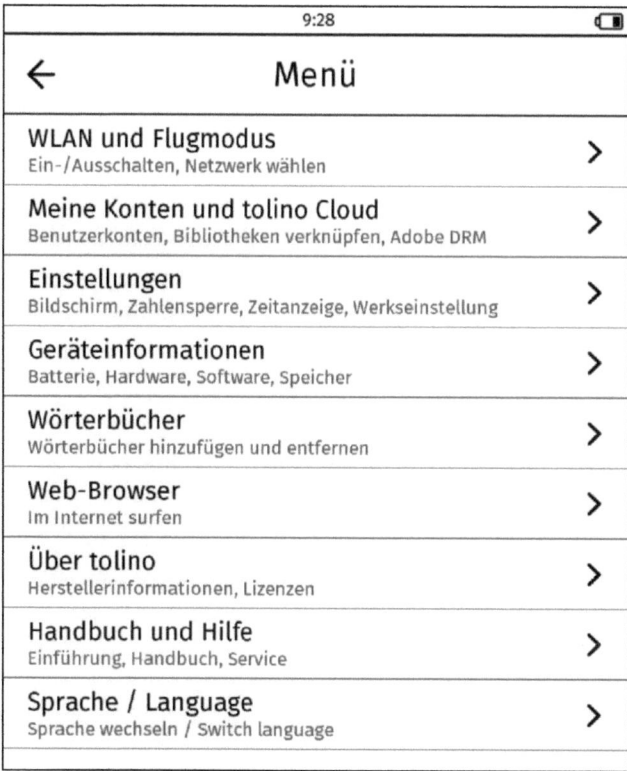

2 HD lesen, also etwa kostenlose Klassiker oder aber eBooks von Anbietern, die grundsätzlich auf DRM verzichten.

Das Einstellungs-Menü

Der Hersteller nennt es einfach nur „Menü": Das Einstellungs-Menü, das Sie aus dem Start-Bildschirm stets über das Icon mit den drei waagerechten Strichen erreichen. Es liefert Ihnen Informationen über den Tolino Shine 2 HD, erlaubt das Ändern wichtiger Parameter und bietet zudem auch den Webbrowser und ein kleines Tolino-Handbuch. Die Untermenüs im einzelnen:

WLAN und Flugmodus

Dieser Punkt erlaubt nicht nur die Einrichtung der Netzwerkverbindung wie oben unter „Ersteinrichtung" beschrieben: Sie brauchen ihn auch, wenn Sie den Tolino Shine 2 HD mit ins Flugzeug nehmen. Hier können Sie das Funknetz nämlich ausschalten. Tippen Sie dazu unter „Der Flugmodus ist…" einfach auf „Ein".

Darunter führt der Tolino Shine 2 HD eine ganze Reihe von Funknetzen auf. Zuoberst finden Sie die, die der eReader gerade „sieht". Die Empfangsstärke erkennen Sie am Strahlungssymbol. Das Schlosssymbol verrät, dass Sie zum Zugriff auf das betreffende Netzwerk ein Kennwort benötigen. Falls sehr viele Hotspots um Sie herum funken, kann die Liste auch mehrere Seiten lang sein, wundern Sie sich also nicht, wenn Sie Ihr WLAN erst durch Blättern finden.

Es folgen die WLANs, die sich das Gerät von früheren erfolgreichen Logins gemerkt hat. Damit die Liste nicht unendlich wächst, sollten Sie nicht mehr benötigte Einträge löschen. Dazu einfach länger auf den Eintrag tippen und dann „Löschen" wählen.

Meine Konten und tolino Cloud

Hier haben Sie vier Optionen. „Benutzerwechsel" erlaubt die Einrichtung eines anderen Buchhändler-Kontos auf dem Gerät.

Die „Bibliothek-Verknüpfung" ist für Anwender interessant, die bei mehreren Shops einkaufen. Wenn Sie an dieser Stelle Ihre Zugangsdaten für die anderen Shops (die natürlich zu Tolino gehören müssen) eingeben, haben Sie danach all Ihre eBooks an einem Ort in der Cloud, egal, wo Sie sie gekauft haben.

Die „tolino-Cloud" ist eine der wesentlichen Neuerungen des Tolino im Vergleich zu früheren eReadern. Amazon-Kindle-Nutzer kennen das Prinzip schon: Alle gekauften eBooks landen nämlich nicht nur auf dem eReader, sondern auch in der Cloud, also auf einem Speicher im Internet. Die Telekom stellt diesen Speicherplatz bereit, daher der Name. Computernutzer kennen das so ähnlich auch von Diensten wie Dropbox oder Google Drive.

Das hat den Vorteil, dass Sie sich einerseits um die Datensicherung keine Gedanken machen müssen, andererseits aber auch einfacher auf Ihren Lesestoff zugreifen können, nämlich nicht nur vom Tolino Shine 2 HD aus, sondern auch vom Computer, über Ihr Smartphone oder Tablet oder auch von der Website Ihres Haupt-eBookanbieters aus. Bis zu fünf Geräte können ein kopiergeschütztes eBook gleichzeitig aus der Cloud geladen haben, Sie können also Ihre ganze Familie mitlesen lassen.

Der Menüpunkt bietet Ihnen genau drei Möglichkeiten. Erstens können Sie Titel aus der Cloud auf den Tolino Shine 2 HD laden. Das ist zum Beispiel relevant, wenn Sie am Computer eBooks bei Ihrem Anbieter gekauft haben. Diese landen nämlich automatisch in der Cloud und über diesen Weg dann auch auf dem Tolino Shine 2 HD. Aber vielleicht haben Sie im Büro auch ein wichtiges Dokument in die Cloud geladen, das Sie nun unterwegs auf dem Tolino lesen wollen.

Zweitens können Sie eBooks vom Tolino in die Cloud überspielen. So liegt der Titel stets im Netz bereit, wann immer sie ihn brauchen, und belegt dabei keinen Speicherplatz auf dem eReader. Gekaufte eBooks können Sie in unbegrenzter Menge in die Cloud laden, für Ihre eigenen Inhalte stehen 25 Gigabyte bereit (zum Vergleich: bei Amazon sind es 5 Gigabyte).

Drittens lassen sich vom eReader (etwa aus Platzgründen) entfernte Titel aus der Cloud zurückholen. Alle drei Optionen funktionieren simpel: eBook durch „Ankreuzen" markieren, Startknopf betätigen. Wie schnell Up- und Download arbeiten, hängt von Ihrer Internetverbindung ab. Downloads (also vom Netz auf den Tolino) sind fast immer schneller.

Letzter Punkt bei „Meine Konten" ist das „Adobe DRM". Die zur Verwendung des Adobe-DRM nötigen Angaben haben Sie schon im Zuge der Ersteinrichtung eingetragen. Hier können Sie die ID wechseln – alles Nötige dazu ist schon oben beschrieben.

Einstellungen

Unter diesem Menüpunkt können Sie vor allem Helligkeit und Ruhemodus konfigurieren. Beides spart bei Bedarf Akku-Kapazität. Die Beleuchtung knabbert einen wesentlichen Teil der gespeicherten Energie. Wenn Sie sie also herunterregeln (das geht auch direkt über die Buch-Anzeige), hält der Akku länger.

Im Ruhemodus legt sich der Tolino Shine 2 HD schlafen. Zwar verbraucht das eInk-Display nur Strom, wenn Sie blättern, doch Beleuchtung und WLAN sind ebenfalls Energiefresser. Im Ruhemodus werden beide deaktiviert.

Die Bildschirmauffrischung können Sie beim Standard-Wert belassen – es sei denn, der Tolino Shine 2 HD zeigt für Ihren Geschmack beim Blättern zu viele Artefakte (Ghosting) an. Dabei handelt es sich um Überbleibsel früherer Seiten. Niedrigere Werte bremsen das Blättern aus.

Die Zahlensperre (auf der zweiten Seite des Menüs, beachten Sie den Blätter-Pfeil) ist hilfreich für Nutzer, die entweder Angst haben, ihr Gerät zu verlieren, oder die kleinen Kindern im Haushalt den Zugriff verwehren wollen. Sie können hier eine vierstellige PIN eingeben. Aber Achtung: wenn Sie diese Zahl vergessen, haben Sie sich selbst ausgesperrt. Nur die Hotline kann Ihnen dann noch helfen.

Die Zeitanzeige brauchen vor allem Vielreisende: Hier können Sie die aktuelle Zeit entweder über das Netzwerk beziehen (das ist die Standard-Einstellung) oder aber selbst festlegen, inklusive Zeitzone.

Beim Tolino Shine 2 HD folgt als vorletzter Punkt „tap2flip". Hier können Sie das Umblättern durch Klopfen auf die Rückseite ausstellen.

Der letzte Punkt, „Auf Werkseinstellung zurücksetzen" ist wichtig, wenn Sie Ihren Tolino Shine 2 HD jemals verschenken oder verkaufen. Damit löschen Sie all Ihre Kontodaten, Passwörter und eBooks. Keine Sorge, der Prozess beginnt erst nach einer ausdrücklichen Rückfrage.

Geräteinformationen

Dieser Bereich liefert Ihnen Informationen über Ihren Tolino Shine 2 HD. Die Batterieanzeige scheint mir mehr Genauigkeit vorzugeben, als sie wirklich liefert – jedenfalls behauptete sie auch nach mehreren Stunden im WLAN und mit eingeschalteter Beleuchtung noch „100% geladen". Das ist eher unwahrscheinlich.

Darunter finden Sie die Seriennummer Ihres Geräts sowie eine erst auf den zweiten Blick wichtige Angabe: Die „MAC Adresse". Die MAC-Adresse benötigen Sie, wenn Ihr WLAN-Router nur bestimmte Geräte online gehen lassen soll. Sie müssen in der Bedienoberfläche des Routers dann diesen aus sechs Hex-Zahlen bestehenden Code in die Liste der erlaubten Geräte eintragen.

Der Tolino Shine 2 HD zeigt Ihnen an dieser Stelle auch an, wieviel Speicher noch frei ist.

Schließlich bietet Ihnen dieser Punkt auch noch die Möglichkeit, nach Software-Updates zu suchen. Zum Redaktionsschluss war beim Vision 2 HD Version 1.7.2 aktuell.

Software-Update durchführen

Die Programmierer haben diesen Prozess recht reibungslos gestaltet. Sie benötigen eine WLAN-Verbindung. Dann tippen Sie auf die Schaltfläche „Nach neuer Version suchen" und bekommen (falls verfügbar) eine Mitteilung über die neue Tolino-Version.

Jetzt braucht Ihr Tolino Sie nur noch zum Knöpfchendrücken, den Rest übernimmt er selbst.

Wörterbücher

Ihr Tolino Shine 2 HD kann auch Wörterbücher benutzen. Zunächst muss man diese allerdings in diesem Einstellungs-

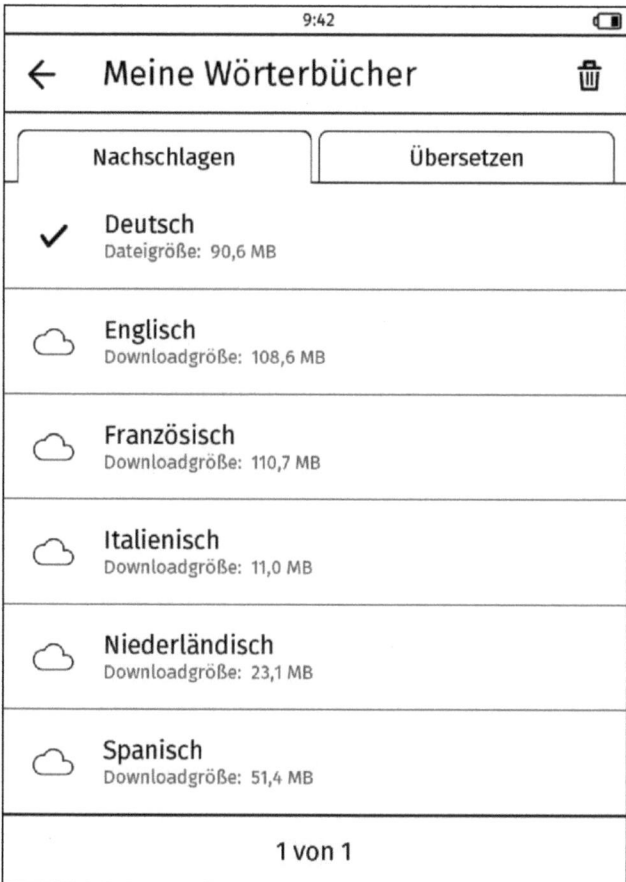

menü herunterladen. Tolino unterscheidet dabei zwischen „Nachschlagen" (der Bedeutung des Wortes à la Duden) und „Übersetzen" (à la Langenscheidt). Nachschlagen kann man für und in Deutsch (Dateiumfang 90 MB), Englisch (109 MB), Italienisch (13 MB), Französisch (111 MB), Niederländisch (23 MB) und Spanisch (51 MB). Übersetzungen sind jeweils ins Deutsche möglich aus dem Englischen (47 MB),

Französischen (12 MB), Italienischen (8 MB), Niederländischen (1 MB) und Spanischen (3 MB) sowie in der jeweiligen Gegenrichtung.

Tippen Sie bei bestehender WLAN-Verbindung eines der Wolkensymbole an, um das jeweilige Wörterbuch herunterzuladen. Alle Wörterbücher zusammen belegen etwa 375 MB – wenn Sie kein ausgesprochener Vielleser sind, sollte so viel Platz auf Ihrem Tolino noch frei sein. Wenn später der Platz doch knapp werden sollte, löschen Sie überflüssige Wörterbücher über das kleine Mülltonnensymbol oben rechts.

Wenn Sie weitere Wörterbücher installieren wollen (auch für andere Sprachen), finden Sie wichtige *Hinweise im Tipps&Tricks-Kapitel.*

Web-Browser

Der Web-Browser des Tolino Shine 2 HD ist schon deshalb nützlich, weil er Sie auch über die im ganzen Lande verteilten Telekom-Hotspots im Netz surfen lässt. Zwar ist er nicht so leistungsfähig wie Firefox oder ähnliches auf einem Computer, doch mit den meisten Webseiten kommt er zurecht, selbst wenn diese Javascript benutzen. Falls jedoch Flash oder Java eingesetzt werden, hat er keine Chance.

Außerdem müssen Sie natürlich mit den 16 „Farben" des eInk-Displays auskommen. Und mit einem grundsätzlichen Problem: Der Browser kann stets nur ein einziges Fenster geöffnet halten. Das ist dann problematisch, wenn etwa Ihr E-Mail-Anbieter Nachrichten in einem gesonderten Fenster öffnen möchte. In den Tipps und Tricks habe ich ein paar Spezial-Websites aufgeführt, die besonders gut mit derartigen Browsern zurechtkommen. Allgemein ist der Tipp gerechtfertigt, wenn vorhanden die „Mobil"-Version einer Webseite zu verwenden.

Um auf einer Seite zu manövrieren, wischen Sie mit dem Finger in die gewünschte Richtung. Unten rechts finden Sie eine Art Vergrößerungsglas, das Sie in die Seite hineinzoomen lässt. Lesezeichen unterstützt der Browser nicht. Es gibt aber eine Navigation zwischen bereits besuchten Websites – benutzen Sie dazu die Pfeile links und rechts der Webadresse.

Wenn Sie eine neue Adresse eingeben wollen, tippen Sie einfach in die Adresszeile. Daraufhin öffnet sich die virtuelle Tastatur. Falls Sie manche Sonderzeichen vermissen: Halten Sie den Finger länger auf die Komma- oder Punkt-Taste, und ein Menü öffnet sich, in dem Sie unter anderem das @-Zeichen finden. So ersparen Sie sich das Umschalten auf die Ziffern-Tastatur. Es genügt, Internetadressen mit www beginnend einzutippen, das „http" ergänzt der Browser von allein.

Beenden müssen Sie den Web-Browser mit dem Home-Button.

Es ist übrigens auch möglich, über den Webbrowser Bücher downzuloaden, die der Tolino Shine 2 HD lesen kann, also zum Beispiel PDFs. Der Titel wird dann direkt in die Bibliothek integriert und gleich geöffnet.

Über tolino

Hier erfahren Sie, wer den Tolino Shine 2 HD produziert hat. Der wohl uninteressanteste, aber aus rechtlichen Gründen nötige Unterpunkt „Open Source Lizenzen" erzählt, unter welchen Lizenzen einzelne Software-Teile des Gerätes veröffentlicht wurden.

Sprache / Language

Falls Sie aus irgendwelchen Gründen den Tolino lieber mit englischer Oberfläche benutzen wollen, finden Sie hier die Möglichkeit dazu. Den Shine 2 HD können Sie sogar auf Spanisch, Französisch, Italienisch, Flämisch und Holländisch umschalten.

Matthias Matting

Mit dem Tolino lesen

Schon auf einem frisch gekauften Tolino Shine 2 HD hat Ihnen Ihr Anbieter ein paar eBooks hinterlassen – jedenfalls ist es bei Hugendubel so, und ich denke, dass auch die anderen Tolino-Partner für Erstlesestoff sorgen. Das hat nämlich den großen Vorteil, dass Sie das neue Lesegefühl mit dem eReader gleich einmal ausprobieren können – und dazu lade ich Sie jetzt ein.

Blättern und mehr

Tippen Sie einfach auf eines der Bücher auf der Startseite. Als erstes erscheint normalerweise das Titelblatt, auch Cover genannt. Vielleicht sind Sie jetzt enttäuscht, denn mit den Hochglanz-Umschlägen im Buchladen hat das elektronische Cover wenig Ähnlichkeit. Doch für Enttäuschung ist es zu früh. Tippen Sie auf die rechte Seite des Bildschirms, und Sie landen im eBook selbst, das meist mit einem Inhaltsverzeichnis beginnt.

   An dieser Stelle sehen Sie schon, dass die Schrift schön scharf und klar ist. Wenn Sie erneut das Cover betrachten, also zurückblättern wollen, genügt ein Tipp auf der linken Seite, vorwärts geht es immer rechts. Für Linkshänder gibt es derzeit noch keine Möglichkeit, die Belegung zu ändern.

Unterstrichene Wörter sind Links, also Verweise auf andere Seiten. Wenn Sie darauf tippen, landen Sie auf einer neuen Seite. Unten links finden Sie dann jeweils einen Knopf zum Zurückspringen.

Tippen Sie länger auf ein Wort, erscheint darum eine Markierung, die Sie mit dem Finger vergrößern können. Die entsprechende Textstelle können Sie nun markieren oder dazu eine Notiz erstellen. Was ist der Unterschied? Durch das Markieren wird der Text hellgrau unterlegt, als hätten Sie den Satz mit einem Textmarker angestrichen. Bei einer Notiz hingegen ist die Unterlegung des Textes deutlich dunkler. Außerdem können Sie hier noch eine eigene Anmerkung hinzufügen. Diese Anmerkungen werden in einem eigenen „Buch" (eigentlich eine simple Textdatei) mit dem Namen „Meine Notizen" gespeichert.

> groß die Wellenlänge des zweiten Photons sein muss. Klar, die Unschärferelation verbietet uns, gleichzeitig den Ort exakt zu messen. Insofern bisher nichts Neues. Aber – wir hätten uns ja auch entscheiden können, statt der Wellenlänge den Ort des ersten Photons zu messen. Dann wüssten wir nun ohne hinzuschauen, wo sich das zweite Teilchen befindet. Zugegeben – wir haben die Wellenfunktion des ersten Teilchens durch unsere Messung gestört. Aber wir haben das zweite Photon weder angesehen noch angefasst, und trotzdem könnten wir sowohl Ort als auch Wellenlänge (also Impuls) exakt kennen.

Bild oben: Lesezeichen (rechts oben), Link (zweite Zeile), Markierung (fünfte Zeile) und Notiz (sechste Zeile) im Text.

Wenn Sie sich beim Markieren auf einzelne Wörter beschränken, haben Sie zwei zusätzliche Möglichkeiten: „Nachschlagen" und „Übersetzen". Voraussetzung ist, dass Sie die entsprechenden Wörterbücher heruntergeladen haben (siehe Einstellungen). „Nachschlagen" verrät Ihnen die Bedeutung eines Wortes (in der Sprache des Wortes), „Übersetzen" hingegen liefert eine Übersetzung in eine andere Sprache Ihrer Wahl.

Die Software erkennt dabei zwar nicht, welche Sprache ein Buch hat. Man kann jedoch jederzeit die Sprachkombination und Übersetzungsrichtung wechseln. Wird ein Wort nicht gefunden, zeigt die Software das nächstliegende an. Das ist insgesamt sehr komfortabel gelöst. Auch beim Nachschlagen lässt sich jederzeit die Sprache wechseln.

Wenn Ihnen das Schriftbild nun immer noch nicht groß genug ist (oder vielleicht auch zu groß), tippen Sie in den mittleren Bereich des Bildschirms. Nun öffnen sich zwei Fenster, die den Bildschirminhalt überlagern, und zwar unten und oben. Wir kümmern uns zuerst um das Menü oben.

Die Schrift war Ihnen zu klein? Tippen Sie das „aA"-Symbol an (Falls Sie es nicht finden, lesen Sie gerade ein eBook im PDF-Format. Auf dessen Besonderheiten gehe ich weiter unten ein). Nun können Sie die Schriftgröße in sieben Schritten ändern. Vielleicht finden Sie auch eine andere Schriftart lesbarer? Standardeinstellung ist hier „Verlagsschrift" – falls der Hersteller des eBooks eine Schriftart vorgesehen hat, nutzt der Tolino Shine 2 HD diese. Das kann vorteilhaft sein, wenn das Buch kompliziertere Formatierungen enthält, die mit einer anderen Schriftart plötzlich verrutschen würden. Schriften mit Serifen (etwa „Rokkitt"

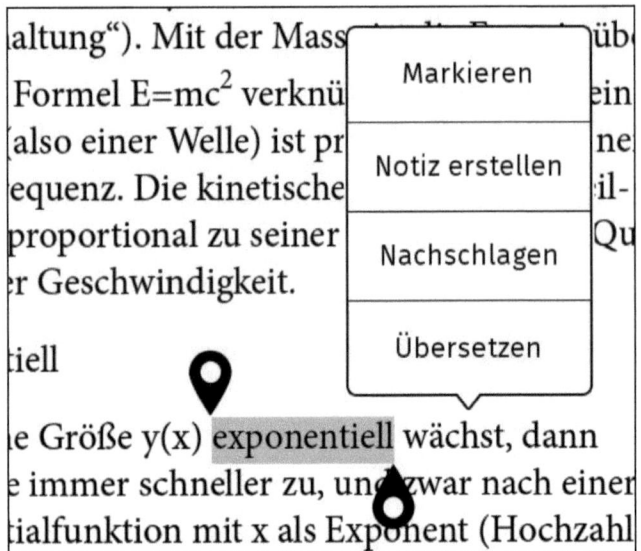

altung"). Mit der Mass[...]üb[...]
Formel E=mc^2 verknü[...]ein[...]
(also einer Welle) ist pr[...]ne[...]
equenz. Die kinetische[...]il-
proportional zu seiner[...]Qu[...]
r Geschwindigkeit.

iell

e Größe y(x) exponentiell wächst, dann
e immer schneller zu, und zwar nach einer
ialfunktion mit x als Exponent (Hochzahl

Markieren

Notiz erstellen

Nachschlagen

Übersetzen

oder „Droid Serif") gelten als besser lesbar als solche ohne
("Fira" oder „Dosis"), dafür sehen letztere moderner aus.
Ihre Entscheidung! Per Tipp auf „Übernehmen" speichern
Sie Ihre Änderungen.

Direkt unter den Schriftarten finden Sie das Menü „Zur
Textausrichtung". Hier können Sie dem Tolino befehlen,
immer einen bestimmten Zeilenabstand (drei Möglichkeiten),
eine Ausrichtung (Blocksatz, Flattersatz oder zentriert)
und einen mehr oder weniger breiten Zeilenabstand (drei
Möglichkeiten) zu wählen. Wenn Sie „Verlagsstandard"
aktivieren, wird die vom Verlag für das Buch ausgesuchte
Formatierung gewählt.

Was bewirken die anderen Icons im oberen Menü?

Beginnen wir links. Der Linkspfeil bringt Sie wieder zur
Startseite zurück. Das stehende und liegende Rechteck

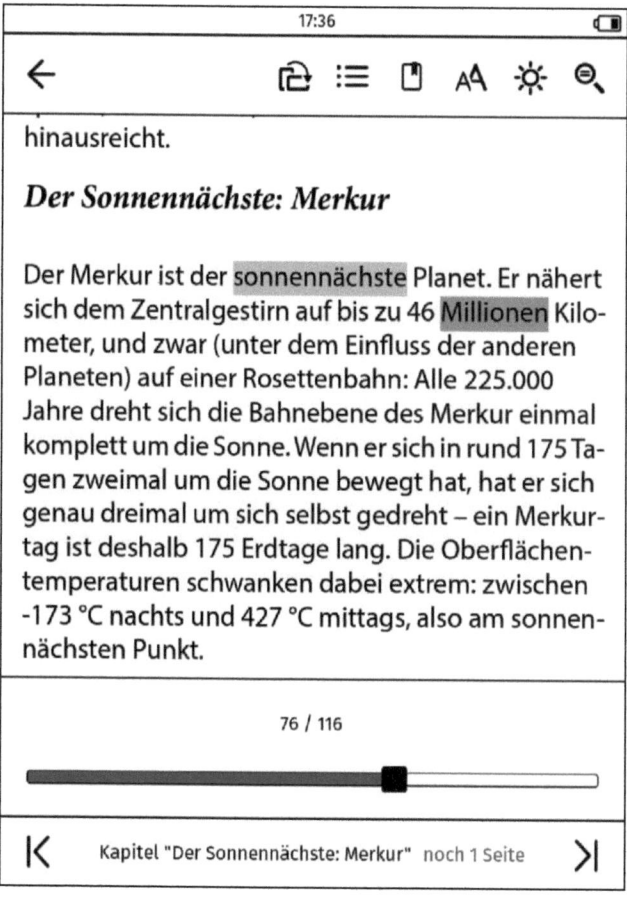

Der Merkur ist der sonnennächste Planet. Er nähert sich dem Zentralgestirn auf bis zu 46 Millionen Kilometer, und zwar (unter dem Einfluss der anderen Planeten) auf einer Rosettenbahn: Alle 225.000 Jahre dreht sich die Bahnebene des Merkur einmal komplett um die Sonne. Wenn er sich in rund 175 Tagen zweimal um die Sonne bewegt hat, hat er sich genau dreimal um sich selbst gedreht – ein Merkurtag ist deshalb 175 Erdtage lang. Die Oberflächentemperaturen schwanken dabei extrem: zwischen -173 °C nachts und 427 °C mittags, also am sonnennächsten Punkt.

wechselt zwischen den Bildschirm-Ausrichtungen (Quer- und Hochformat). Bei sehr großen Schriftarten ist das Querformat oft besser ablesbar.

Das Icon mit den vier Querlinien bringt das Inhaltsverzeichnis auf den Bildschirm – jedenfalls wenn das eBook korrekt formatiert wurde. Mit den Pfeilen am unteren Seitenende können Sie darin blättern. Ein Tipp auf eines der Kapitel führt Sie direkt dorthin.

Das Icon, das wie eine hängende Flagge aussieht, bringt Sie zu Ihren Lesezeichen, zu Ihren Notizen und Markierungen. Lesezeichen legen Sie an, indem Sie im Buch auf das ähnlich aussehende, aber innen nicht gefüllte Symbol tippen. Es füllt sich dann schwarz, so dass Sie wissen, dass hier ein „Eselsohr" liegt. Das Lesezeichen-Menü führt nun alle Lesezeichen in der logischen (nicht zeitlichen) Reihenfolge auf, zusammen mit ein paar Wörtern aus dem Kontext. Ein kurzer Tipp darauf bringt Sie zu der entsprechenden Stelle im Buch.

Der „Bearbeiten"-Knopf oben rechts ermöglicht Ihnen, einzelne Lesezeichen zu löschen. Notizen und Markierungen lassen sich auch bearbeiten. So können Sie etwa einer Markierung einen Text hinzufügen und sie damit in eine Notiz verwandeln.

Es folgt eine Miniaturversion der Sonne. Die Verbindung ist klar: Hier regeln Sie die Beleuchtung des Displays.

Schließlich hat der Hersteller auch an eine Suchfunktion gedacht, die passenderweise über ein Lupensymbol aufzurufen ist. Sie öffnet ein Suchfeld und eine virtuelle Tastatur. Falls Sie manche Sonderzeichen vermissen: Halten Sie den Finger länger auf die Punkt-Taste, und ein Menü öffnet sich, in dem Sie unter anderem das @-Zeichen finden. So ersparen Sie sich das Umschalten auf die Ziffern-Tastatur.

Das Suchwort muss mindestens drei Zeichen lang sein. Die Suche erfolgt ohne Berücksichtigung von Groß- und Kleinschreibung. Sie können auch Wortgruppen eingeben, nach denen dann 1:1 gesucht wird. Wenn Sie etwa nach „die Erde" fahnden, findet der Tolino alle Vorkommen von

„die Erde", „Die erde", „Die Erde" oder „die erde", sogar „die erdenbahn", nicht aber „die neue Erde". Weitere Suchvarianten gibt es nicht.

Am unteren Seitenrand zeigt der Tolino an, wieviele Ergebnisse er aufgespürt hat. Über die Pfeile links und rechts daneben können Sie zwischen diesen Ergebnissen hin- und herspringen.

Um den Suchmodus zu beenden, tippen Sie auf den Linkspfeil oben links.

Bleibt also noch das Fenster unten. Es zeigt recht übersichtlich, wie weit Sie in dem Buch bereits gekommen sind. Wenn Sie das eBook an dieser Stelle schließen, merkt sich das Gerät den entsprechenden Wert auch als Ihren Lesefortschritt. Wenn Sie auf die aktuelle Seitennummer tippen, können Sie direkt eine neue Zahl eingeben. Die Seitennummern verändern sich auch nicht, wenn Sie eine kleinere oder größere Schrift wählen. Bei einer großen Schrift müssen Sie dann nur mehrmals blättern, um auf die „nächste" Seite zu gelangen. Direkt am unteren Bildschirmrand können Sie auch von Kapitel zu Kapitel springen.

eBooks im PDF-Format

Der Tolino Shine 2 HD kann eBooks in zwei Formaten anzeigen: ePub und PDF. Beim ePub-Format verhält er sich wie eben beschrieben. Es ist in den meisten eBook-Läden das Standardformat. Doch auch PDFs kann Ihr neuer eReader darstellen.

Sie kennen PDF-Dateien vielleicht schon aus dem Büro. Es handelt sich um 1:1-Abbilder einer Druckseite. Das sieht auf dem Computerschirm oder einem Tablet wie dem iPad gut, scharf und bunt aus. Auf einem eInk-Display jedoch ist das Bild suboptimal. Das ist ja auch kein Wunder: PDFs sind nun einmal nicht für eInk-Bildschirme mit 16 Farben optimiert, sondern für glänzendes Papier. Wenn Sie die Wahl haben, kaufen Sie also lieber die ePub-Version eines Titels. Es sei denn, Sie besitzen zusätzlich auch ein Tablet und wollen es darauf ebenfalls lesen. Manche Buchkategorien, etwa Kochbücher oder Reisehandbücher, lassen sich auch nur schwer als ePub umsetzen.

Der Tolino passt sich an die Besonderheiten eines PDFs ebenfalls an. Die Schriftgröße kann man darin zum Beispiel nicht ändern: PDFs sind layoutorientiert wie gedruckte Bücher. Dafür gibt es in dem Menü oben Zoomknöpfe (+ und –), mit denen Sie die Darstellung lesbarer machen können. Wenn Sie in eine Seite hineinzoomen, können Sie den gerade sichtbaren Bereich mit dem Finger verschieben. Es ist ebenso möglich, wie beim iPad durch Spreizen der Finger zu zoomen.

Lesezeichen gibt es im PDF ebenfalls, auch ein Inhaltsverzeichnis ist meist vorhanden.

Ein spezielles Feature des Tolino Shine 2 HD ist der „TXT"-Knopf. Wenn Sie darauf tippen, versucht das Gerät, aus dem PDF den Text herauszufiltern und wie ein ePub-Buch darzustellen, auch mit einstellbaren Schriftarten. In der Praxis gelingt das meist nicht optimal, vor allem deshalb, weil das Gerät nicht entscheiden kann, welcher Textkasten an welche Stelle gehört. Bei trockenen Texten aus dem Internet, ohne große Formatierung, kann das aber hilfreich sein. Über den Button „PDF" kehren Sie zur vorherigen Ansicht zurück. Der Tolino merkt sich leider nicht, dass er den Text eines PDFs extrahiert hat, und öffnet das Dokument beim nächsten Mal wieder ganz normal.

Die Bibliothek

Wie es sich für einen eReader gehört, liegen alle eBooks in einem virtuellen Regal – auf dem Tolino Shine 2 HD Bibliothek genannt. Die Bibliothek erreichen Sie stets über den Home-Knopf, müssen dann aber zusätzlich noch auf „Zur Bibliothek" antippen.

Ihre eBooks liegen hier wie in einem riesigen Billy-Regal. Allerdings können Sie per Fingerzeig die Sortierung bestimmen. Dazu tippen Sie auf das Auge. In dem Fenster, das nun erscheint, dürfen Sie zwischen Kachel- und Listenansicht wählen sowie eine Sortierung nach Aktualität, Titel, Autor oder Zuletzt hinzugefügt aussuchen. Die Listenansicht finde ich persönlich informativer, zumal man auch nur hier noch über das „i"-Symbol hinter jedem Buchtitel Zusatz-Infos zu einem eBook aufrufen kann.

Aktualität bezieht sich bei der Sortierung darauf, wann Sie ein eBook zuletzt angefasst haben – das zuletzt gelesene steht hier immer oben. Die anderen drei Kriterien sind selbsterklärend. Sortiert wird allerdings immer nur in eine Richtung: Von A nach Z beziehungsweise von Neu nach Alt. Die A-Z-Sortierung hat den kleinen Vorteil, dass Sie über die Alphabetleiste am unteren Bildschirmrand auch bei größeren Buchvorräten schnell den gewünschten Titel erreichen.

Das unscheinbare Icon links, gleich neben „Meine Bibliothek", ist für die Verwaltung von Unterordnern zuständig, die auf dem Tolino „Sammlungen" heißen. Wenn Sie darauf tippen, landen Sie in „Meine Sammlungen". Über das Plus-Icon legen Sie neue Unterregale an, die Mülltonne löscht, was Sie nicht mehr brauchen. Die Regalverwaltung ist be-

quem. Das Stift-Icon dient dazu, einer Sammlung neue Titel hinzuzufügen oder die Sammlung umzubenennen.

Was bietet die Bibliothek noch? Der Mülleimer, das ist klar, löscht bestimmte Bücher. Dazu müssen Sie diese in einer Liste markieren. Wenn Sie viele Titel in einem Rutsch löschen wollen, gehen Sie lieber umgekehrt vor: Tippen Sie

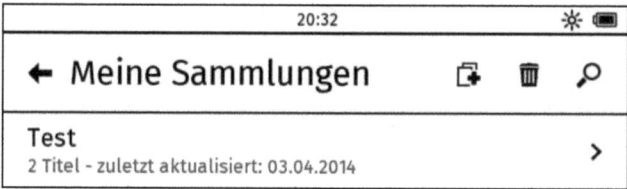

auf „Alle auswählen" und wählen Sie dann die eBooks ab, die auf dem Gerät bleiben sollen. Mit „Jetzt starten" beginnt der Löschvorgang. Achtung: Wenn Sie ein Buch löschen, das ein Wolken-Icon trägt, dann verlieren Sie es endgültig, denn es wird auch aus der Tolino-Cloud gelöscht.

Ebenfalls eindeutig ist das Lupen-Icon. Es öffnet ein Untermenü, in dem Sie in Ihrer Bibliothek oder im eingebauten Shop nach bestimmten Stichwörtern fahnden können. Wie bei der Suche innerhalb des Buches spielen Groß- und Kleinschreibung keine Rolle.

Schließlich haben wir noch das Symbol mit den gebogenen Pfeilen. Es startet eine Synchronisierung mit der Tolino-Cloud. Es dürfte selten nötig sein, dass Sie diesen Vorgang manuell anstoßen, denn der Tolino Shine 2 HD synchronisiert sich auch von selbst regelmäßig. Aber wenn Sie zum Beispiel gerade am Computer ein eBook gekauft haben und es sofort lesen wollen, können Sie es über diesen Knopf auf Ihr Gerät holen.

Wenn Sie die Listenansicht gewählt haben, finden Sie hinter jedem Titel noch ein „i" – das steht für „Information". Schön übersichtlich erfährt man dort auf einer Seite pro eBook, welches Format der Titel hat, wie groß er ist und wie weit Sie schon beim Schmökern gekommen sind. Über die Pfeile am unteren Bildschirmrand können Sie zu Ihren anderen eBooks umschalten.

Lesestoff für den Tolino

Mehrere 100.000 Titel, behaupten die Tolino-Anbieter, liegen für das Gerät bereit. Hinzu kommt jede Menge Lesestoff, den Sie kostenlos aus dem Netz laden können. Doch welche Dokument-Arten kann Ihr eReader überhaupt entziffern?

- ePub: Eines der beiden gebräuchlichsten eBook-Formate ist ePub – für den Tolino ist es das eBook-Format der Wahl, auch wenn andere Dokumenttypen ebenfalls lesbar sind. Nur mit ePub-Dateien sind alle Features des eReaders zugänglich. ePub gibt es in Varianten mit und ohne Kopierschutz (DRM) – die Version mit DRM erkennen Sie an der Endung. acsm. Solche Bücher können Sie nur lesen, wenn Sie eine Adobe-ID auf dem Tolino engerichtet haben.

- Mobi: Das MobiPocket-Format, kurz Mobi (Endung. mobi), kommt von der gleichnamigen Amazon-Tochter. Entsprechend wird es oft auch als „Kindle-Format" bezeichnet (etwa beim Gutenberg-Projekt). Der Tolino unterstützt dieses Format nicht. Falls es nicht mit einem Kopierschutz versehen ist (es hat dann die Dateiendung. azw), können Sie es mit dem Programm Calibre aber auch legal ins ePub-Format umwandeln.

Matthias Matting

- **•** PDF: PDFs begegnen Ihnen vornehmlich im Büroalltag, aber auch als eBooks. Der Tolino zeigt die allermeisten Dateien problemlos und sogar ziemlich flott an. Wenn ein Kopierschutz vorhanden ist, trägt die Datei die Endung. acsm. Dann ist eine Adobe-ID Voraussetzung, sie lesen zu können.

- **•** TXT: TXT (.txt) ist ein reines Textformat. Der Tolino erkennt Dateien mit der Endung. txt und zeigt diese bereitwillig an. Da er Office-Dateien (DOC oder DOCX) nicht liest, ist TXT hier eine Alternative. Dazu muss man das Dokument aber mit dem Ursprungsprogramm neu als TXT speichern. Dabei gehen alle Formatierungen verloren.

- **•** HTML: Auf HTML-Dateien stoßen Sie beim Websurfen dauernd. Der Tolino kann diese trotz vorhandenen Webbrowsers nicht anzeigen.

- **•** Jpeg, Gif, Png, Tiff: Bilder in einem dieser Formate zeigt der Tolino ebenfalls nicht an.

eBooks kaufen und leihen

Auf dem Tolino

Je nachdem, wo Sie Ihren Tolino gekauft haben, ist der Shop eines bestimmten Anbieters vorinstalliert. Hierüber neues Lesematerial zu ordern, ist eigentlich der bequemste Weg, weil Sie nach dem Bestellen gleich loslesen können.

Tippen Sie sich einfach durch die Kategorien, die der Laden bietet, oder nutzen Sie die Suchfunktion. Zu allen Büchern gibt es mehr oder weniger lange Beschreibungen, manchmal auch Leser-Rezensionen ("Bewertungen") oder auch Leseproben (wenn vorhanden, befindet sich der Knopf für die Leseprobleme gleich über dem Kaufen-Knopf). Wenn Sie Ihre Wahl getroffen haben, tippen Sie auf „Kaufen".

Sie können per Rechnung, mit Paypal, per Abbuchung oder Kreditkarte zahlen. Am bequemsten ist dabei die Zahlung per Rechnung – dann müssen Sie nämlich nicht immer wieder Ihre Kontodaten eintippen. Da sich weder der Tolino noch der Anbieter Ihre Daten merken, verumständlicht dies die Bestellung. Bei Zahlung auf Rechnung bekommen Sie nach einer Weile per E-Mail eine Rechnung, die Sie dann per Überweisung bezahlen müssen. Der Bestellvorgang ist damit nicht ganz so bequem, wie er sein könnte – bietet aber auch recht geringe Risiken, da niemand mit Ihrem Tolino einfach Bücher bestellen kann.

Vorsicht, Falle: Geben Sie Acht, welche Titel Sie bereits gekauft haben. Der Anbieter warnt Sie nicht, wenn sich ein eBook bereits in Ihrer Bibliothek befindet. Ein Rückgaberecht besitzen Sie nicht.

Nach dem Kauf können Sie sich in Ihrer Bibliothek von Ihrer Neuerwerbung überzeugen. Zunächst finden Sie dort allerdings nur ein Cover mit einer kleinen Wolke – der Titel befindet sich noch in der Cloud. Tippen Sie darauf, und das eBook wird heruntergeladen.

Zusätzlich bekommen Sie in jedem Fall noch eine E-Mail mit einem Link, über den Sie die Datei auf Ihren Computer laden können. Falls Sie das noch brauchen...

Mit dem Computer in anderen eBook-Stores

Die Unterschiede zwischen den deutschen Online-Buchläden sind zwar nicht riesig, aber es kommt doch immer wieder vor, dass ein Titel zwar bei Anbieter X, aber nicht bei Y verfügbar ist. Wenn X nicht gerade Amazon oder Apple heißt, behalten Sie mit dem Tolino die Freiheit der Wahl. Kaufen Sie bei Thalia, Libri oder Hugendubel und bezahlen Sie, wie es dort vorgesehen ist.

Im letzten Schritt bietet Ihnen der jeweilige Anbieter in der Regel die Möglichkeit, die eBook-Datei herunterzuladen. So weit, so gut. Bei anderen eReadern benötigten Sie nun eine Zusatzsoftware, die Adobe Digital Editions (ADE). Diese können Sie zwar immer noch benutzen, und sei es aus alter Gewohnheit, doch das ist völlig unnötig.

Wenn Sie nun irgendwo ein neues Buch heruntergeladen haben, ziehen Sie die ACSM-, ePub- oder PDF-Datei einfach auf den per USB angeschlossenen Tolino. Nicht wundern: kopiergeschützte Dateien (Endung. acsm) sind oft sehr klein,

Matthias Matting

nur wenige Kilobyte groß, und tragen seltsame Namen – nicht unbedingt den des eBooks.

Ignorieren Sie dies. In der Datei steckt nämlich nicht das Buch selbst, sondern nur die Lizenz zum Lesen sowie eine Adresse, wo sich das eigentliche Buch herunterladen lässt. Den kompletten Rest erledigt der eReader, sobald Sie das neue Buch zum ersten Mal öffnen. Dazu benötigen Sie allerdings eine Internet-Verbindung.

Alternativ können Sie die anderen eBook-Läden übrigens auch auf dem Webbrowser des Tolino aufrufen – das ist zwar nicht so übersichtlich, Sie können die Titel aber dann gleich auf das Gerät überspielen, ohne Umweg über den Computer.

Mit dem Computer aus der Bibliothek

Schon seit 2010 gibt es in Deutschland den Service der Onleihe – Nutzer vieler öffentlicher Bibliotheken können darüber kostenlos Bücher leihen. Voraussetzung ist, dass Sie als Leser angemeldet sind und dass Ihre Bücherei an der Onleihe teilnimmt. Das ist oft der Fall, aber nicht immer. Über *http://www.onleihe.de* können Sie sich informieren, ob das in Ihrer Stadt zutrifft.

Das Verfahren funktioniert genau so, wie man es auch der Bücherei kennt. Das heißt, auch die virtuelle Bibliothek besitzt von jedem Titel nur wenige Exemplare. Wenn diese gerade verliehen sind, dann fehlen sie im Regal. Man kann sich allerdings vormerken lassen. Ist ein Buch gerade vorrätig, kann man es per Mausklick ausleihen. Ab diesem Moment beginnt die Leihfrist.

Wie lang die Frist ist, ist von Bibliothek zu Bibliothek

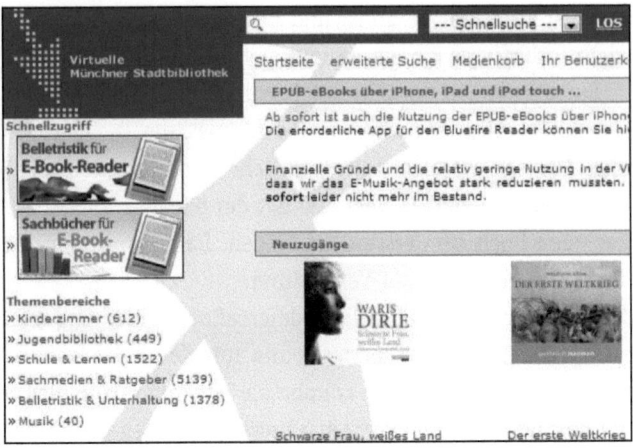

unterschiedlich. Bei eBooks liegt sie zwischen 7 und 21 Tagen, bei Magazinen meist bei wenigen Tagen und bei Zeitungen bei Stunden. Sie müssen jedoch nicht darauf achten, das Buch rechtzeitig zurückzugeben, denn die Lizenz läuft automatisch aus – und dann kann man das Werk einfach nicht mehr lesen.

Allzu groß ist das Angebot derzeit allerdings noch nicht. Am besten funktioniert es mit Büchern im ePub-Standard, aber auch PDFs bereiten keine grundlegenden Probleme. In welchem Format ein eBook vorliegt, erkennen sie an den Titel-Informationen.

Wenn Sie elektronisch Bücher leihen wollen, müssen Sie sich zunächst bei einer der Bibliotheken anmelden. Dazu müssen Sie meist in deren Einzugsgebiet wohnen. Außerdem lassen Sie sich dort für die Onleihe freischalten.

Ist das passiert, öffnen Sie am Computer zunächst die Seite der Onleihe und suchen die Präsenz Ihrer Bibliothek vor Ort. Stöbern Sie im Angebot, und wenn Sie einen interessanten Titel gefunden haben (PDF- oder ePub-Format kommen in Frage), leihen Sie ihn aus. Wie beim eBook-Shopping bekommen Sie pro eBook eine. acsm-Datei zum Download, die Sie dann auf den Tolino transferieren müssen. Den Rest erledigt erneut der eReader. Sie können die geliehenen Bücher sogar wie gekaufte eBooks in die Cloud laden.

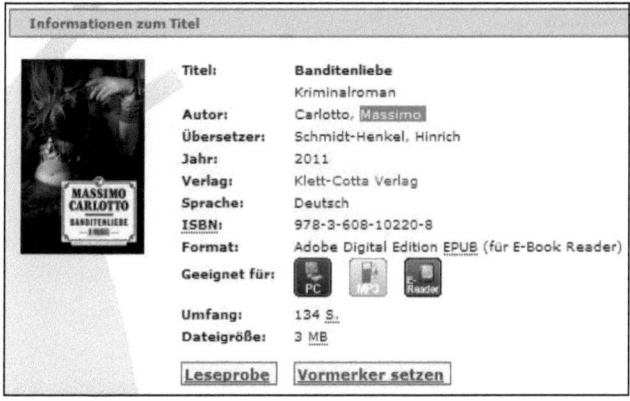

Deutsche eBook-Läden

Wo können Sie Ihr Geld gegen eBooks tauschen? Zwar ist der eBook-Store Ihres Anbieters die erste Adresse, doch es kommt durchaus vor, dass ein Titel nur bei einem bestimmten Händler zu haben ist. Preisvergleiche können Sie sich wegen der deutschen Buchpreis-Bindung aber zumindest bei deutschsprachigen Titeln sparen. Manchmal gibt es bei den einzelnen Händler jedoch aus Specials zu günstigeren Preisen. Hervorheben möchte ich außerdem noch Libreka, wo Sie manche eBooks auch (gegen Gebühr) ausleihen können.

Beam E-Books

http://www.beam-ebooks.de/

Einige tausend Bücher mit der Besonderheit, dass kein DRM verwendet wird. ePub, Mobipocket, PDF gemischt. Leserbewertungen und -Kommentare möglich (aber noch wenig vorhanden).

Buch.de

http://www.buch.de

Großes Angebot, viele Zusatzinformationen, auch Kundenbewertungen, Miles&More-Bonusprogramm, Angabe des Kopierschutzes (wenn auch verschlüsselt mit „Dieses eBook können Sie auf allen Geräten lesen, die Adobe DRM unterstützen"). Hauptaktionär der Buch.de AG ist Thalia.

Buecher.de

http://www.buecher.de

Bietet neben Büchern auch eBooks an. Kundenbewertungen, Leseproben, Buchkritiken aus Zeitungen, eine gute Kombination. Klassiker für 99 Cent – gibt es anderswo kostenlos.

Ciando

http://www.ciando.com

Übersichtlicher Onlineshop, auf eBooks beschränkt. Gut: Angabe des Kopierschutzes. Bietet auch einen Bibliotheks-Service, leider ohne zentrale Oberfläche.

eBook.de (ex Libri)

http://www.ebook.de

Gut sortiertes Angebot. Leserbewertungen und -Kommentare

möglich (aber noch wenig vorhanden). Kopierschutz nicht vermerkt. Tolino-Partner.

Google Play

http://play.google.com
Googles Play-Store bietet Downloads im ePub- und PDF-Format. Bei englischsprachigen Titeln ist er sehr gut bestückt. Ungünstig ist nur, dass die Download-Option so gut versteckt ist: Sie müssen den Bereich „Meine Bücher" öffnen, dort bei einem Buch „Lesen" anklicken, dann „Lesen so geht's" wählen und schließlich bis zu den eReadern nach unten scrollen.

Hugendubel

http://www.hugendubel.de
Großes eBook-Angebot, Leserbewertungen und -Kommentare möglich (aber noch wenig vorhanden), ePub und PDF gemischt, Kopierschutz in der Artikelbeschreibung vermerkt.

Kobo Store

http://www.kobobooks.de
Besitzt bereits ein großes deutschsprachiges Angebot. Webstore teilweise in englischer Sprache, Suchmöglichkeiten suboptimal.

Libreka

http://www.libreka.de
Libreka bietet bei manchen Titeln auch die Möglichkeit, diese für eine bestimmte Zeit auszuleihen. Das kostet dann weniger als ein Kauf. Die Leihfunktion arbeitet mit dem Tolino ebenso gut zusammen wie die Onleihe.

Thalia

http://www.thalia.de

Großes eBook-Angebot, Leserbewertungen und -Kommentare möglich (schon einige vorhanden), ePub und PDF gemischt, Kopierschutz nicht in der Artikelbeschreibung vermerkt. Buchhändler-Tipps. Kostenlose Klassiker. Tolino-Partner.

Weltbild

http://www.weltbild.de

Recht großes Angebot, Website etwas überladen. Gut: in der Artikelbeschreibung ist angegeben, ob ein Kopierschutz vorhanden ist. Leserbewertungen und -Kommentare möglich (aber noch wenig vorhanden). Tolino-Partner.

Kostenlose eBooks

Das genügt Ihnen nicht? Hier ist eine Liste mit weiteren Buch-Archiven. Was Sie dort finden, müssen Sie allerdings erst auf den PC downloaden und dann via USB auf Ihren Tolino-eReader übertragen.

Beam eBooks
http://www.beam-ebooks.de/kostenlos.php5
Eine durchaus nicht kleine Auswahl kostenlosen Lesestoffes

Bookrix
http://www.bookrix.de/ebooks_lesen.html
Bookrix ist eine Autoren- und Lesercommunity, die über 88.000 eBooks kostenlos bereitstellt.

eBook.de
http://www.ebook.de/de/category/59011/gratis_ebooks.html
Bietet einige hundert kostenlose Titel zum Download

Eleboo
http://www.eleboo.de/kostenlose-ebooks

In dieser Büchercommunity können Autoren ihre Bücher kostenlos anbieten – viele haben das bereits getan

Freebook
http://freebook.de
Freebook zählt derzeit über 800 kostenlose eBooks

Freiszene
http://www.freiszene.de/ebooks/
Eine größere Auswahl kostenloser eBooks, einen Blick wert

Gutenberg-Projekt
http://www.gutenberg.org/
Über 36.000 kostenlose eBooks in fast allen Sprachen der Welt, die Sie direkt in einem für den Tolino geeigneten Format herunterladen können. In den „Categories" finden Sie übrigens auch ein deutschsprachiges Bücherregal.

Google eBookstore
http://books.google.com/ebooks
Die Ergebnisse von Googles Scan-Aktion – vor allem im PDF-Format. Wenn Sie die Buch-Details öffnen, können Sie auch das ePub-Format auswählen ("EPUB herunterladen").

Free Computerbooks
http://freecomputerbooks.com
Kostenlose eBooks aus dem Bereich Computer & Programmierung (fast alle in englischer Sprache)

Internet Archive
http://www.archive.org/details/texts

2,8 Millionen Texte in allen Sprachen der Welt, die hier kostenlos zur Verfügung stehen, auch im ePub-Format. Über die „Advanced Search" können Sie auch Bücher in Deutsch herausfiltern – geben Sie dazu im „Custom Field" den Parameter „language" an und im Wertefeld daneben „german".

Kobo
http://www.kobobooks.de/free_ebooks
Kobo rühmt sich, mehr als eine Million kostenloser eBooks im Angebot zu haben. Ich habe nicht nachgezählt.

ManyBooks
http://www.manybooks.net
Über 30.000 ausgewählte Bücher (teilweise aus dem Gutenberg-Projekt), die man direkt im ePub-Format überspielen kann.

Open Library
http://openlibrary.org
Über eine Million Titel (vornehmlich Klassiker), die Sie direkt als ePub-File downloaden können. Darunter sind einige tausend deutsche Bücher. Nimmt auch an einem Leihprogramm mit etwa 10.000 (meist englischsprachigen) aktuellen Titeln teil.

Thalia
http://www.thalia.de/shop/ebooks_kostenlos/show/
Hat ein eigenes Regal mit einer deutlich vierstelligen Zahl kostenloser eBooks

Bücher verwalten

Bücher auf dem eReader verwalten

Die Möglichkeiten der eBook-Verwaltung auf dem Tolino erschöpfen sich auf die Löschmöglichkeit und die verschiedenen Sammlungen. Außerdem können Sie die Titel unterschiedlich sortieren, wie ich es bereits in „Die Bibliothek" beschrieben habe.

Bücher in der Cloud verwalten

Es gibt derzeit noch keine genuine Möglichkeit, direkt (also via Computer ähnlich wie bei Clouddiensten wie Dropbox) auf den Cloudspeicher zuzugreifen. Diese Möglichkeit bieten nur die einzelnen Anbieter separat. So können Sie als Hugendubel-Kunde zum Beispiel nach dem Login auf der Hugendubel-Website auf Ihre eBooks zugreifen und auch neue Titel hochladen. Es ist trotzdem zu hoffen, dass die Partner noch eine komfortablere Variante entwickeln.

Matthias Matting

Bücher am PC verwalten

Wenn Sie den Tolino über USB am Computer anschließen, können Sie ihn wie eine externe Festplatte mit neuen eBooks befüllen. Sie brauchen dazu kein spezielles Verzeichnis zu wählen. Wenn Sie das Gerät wieder vom Rechner trennen, merkt es, dass Sie neue Titel hinzugefügt haben, und ordnet diese in die Bibliothek ein.

Wenn Sie etwas mehr Komfort suchen, empfiehlt sich das Programm Calibre. Es ist kostenlos verfügbar, und zwar von der Website *http://calibre-ebook.com/*. Erhältlich ist es außer für Windows auch für MacOS und Linux. Wenn Sie das Programm heruntergeladen haben, müssen Sie Calibre zunächst einrichten. Im ersten Screen wird Ihnen angeboten, das Gerät auszuwählen, das Sie mit Calibre benutzen wollen. Das Programm kann dann schon die passenden Grundeinstellungen vornehmen. Den Tolino kennt Calibre bereits.

Danach öffnet sich der Haupt-Bildschirm. iTunes-Nutzern wird dieser einigermaßen bekannt vorkommen. Das große Feld in der Mitte führt all Ihre Titel auf, links daneben finden sich jede Menge Sortieroptionen, etwa nach Titel, Autor oder auch nach Format. Das beste daran ist, dass Sie sich um die Formate (solange kein Kopierschutz vorhanden ist) keine Sorgen machen müssen. Wenn Sie ein Buch auf Ihren per USB angeschlossenen eReader übertragen, wird es (nach Nachfrage) automatisch ins passende Format konvertiert.

Auch zu Buch- und Newsquellen führt Sie Calibre sehr bequem. Wenn Sie auf das Symbol mit der blauen Weltkugel klicken (in der Standard-Einstellung ist es nur sichtbar, wenn der eReader NICHT am Computer angeschlossen ist),

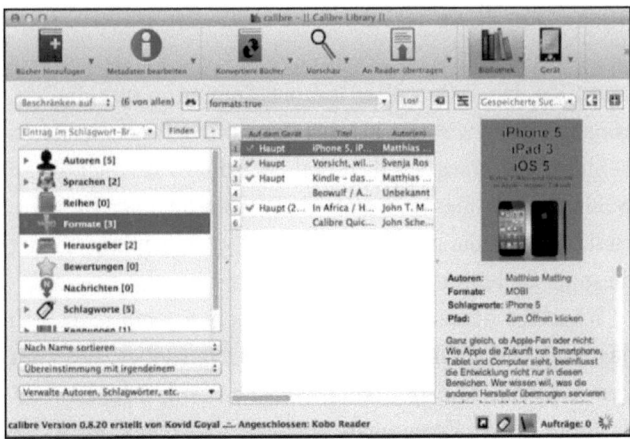

öffnet sich eine universelle Buch-Suche, in der Sie nach beliebigen Stichwörtern fahnden können.

Die Ergebnisliste führt unter anderem auf, in welchem Format ein Buch wo erhältlich ist, was es dort kostet und ob es mit einem DRM kopiergeschützt ist. Sie wissen ja: kopiergeschützte Dateien kann der Tolino nur öffnen, wenn es sich um das ePub- oder PDF-Format handelt. Ein Mausklick auf das Buch führt Sie auf die Website des Anbieters, von der Sie das Buch oft direkt in Ihre Calibre-Bibliothek übertragen können.

Wenn Sie sich für Geschehnisse in aller Welt interessieren, können Sie sich auf ähnliche Art auch die Inhalte von RSS-Feeds an Ihr Gerät schicken lassen. Dazu brauchen Sie das Icon mit dem roten N. Dahinter findet sich auch für Deutschland schon eine größere Vorauswahl, Sie können aber auch eigene RSS-Feeds eintragen. Nach einem definierbaren Zeitplan werden diese dann aktualisiert und wenn möglich auch gleich so auf Ihren E-Reader überspielt, dass Sie sie dort wie eine Zeitung lesen können. Sehr praktisch vor jeder längeren Zugfahrt!

Calibre-Funktionen

Calibre besitzt noch so viele andere, nützliche Funktionen, dass deren Beschreibung den Rahmen dieses Buches sprengt. Da die Oberfläche schon komplett ins Deutsche übersetzt vorliegt, müssen sich aber auch Einsteiger vor der Komplexität nicht fürchten. Die folgenden ungeschützten Formate können importiert und konvertiert werden:

.cbz, cbr,. cbc,. chm,. epub,. fb2,. html,. lit,. lrf,. mobi,. odt,. pdf,. prc,. pdb,. pml,. rb,. rtf,. tcr,. txt

Die Exportformate sind:

.epub,. fb2,. htmlz,. lit,. lrf,. mobi,. pdb,. pdf,. pmlz,. rb,. rtf,. snb,. tcr,. txt,. txtz,. zip

Hier die wichtigsten Funktionen:

- Verwaltung der Bibliothek
- Konvertierung der Dateien in eBooks

- Bearbeitung von Metadaten
- Synchronisation mit eBook-Readern und anderen Geräten
- Abonnieren von Newsfeeds (ca. 1.000 Quellen in vielen verschiedenen Sprachen)
- E-Reader-Funktion
- Versand von Dokumenten via Gmail oder Hotmail
- Online-Zugriff auf den integrierten Server
- Unterstützt PC, Mac und Linux
- Steuerung per Kommandozeile

eBooks per App lesen

Einer der Vorzüge der Telekom-Cloud soll darin bestehen, von überall Zugriff auf die eigenen eBooks zu besitzen. Eine „Universal-App" dafür gibt es allerdings nicht. Vielmehr müssen Sie sich eine der Apps des Partners herunterladen, bei dem Sie Ihren Tolino gekauft haben. Die Apps gibt es in der Regel für iOS und Android.

- Hugendubel
  iOS: *https://itunes.apple.com/de/app/hugendubel-ebook-lese-app/id473760721?mt=8*
  Android: *https://play.google.com/store/apps/details?id=de.hugendubel.ebookreader* (plus Tablet-Version „HD")

- Thalia
  iOS: *https://itunes.apple.com/de/app/thalia.de/id404747793?mt=8*
  Android: *https://play.google.com/store/apps/details?id=com.freiheit.thalia.mobile*

- Weltbild
  iOS: *https://itunes.apple.com/de/app/weltbild-ebook-lese-app/id435921458?mt=8*
  Android: *https://play.google.com/store/apps/details?id=com.txtr.android.weltbild.de&hl=de*

Tipps und Tricks

Eigene Schriftarten verwenden

Der Tolino bietet zwar bereits eine Auswahl gut lesbarer
Schriften, aber vielleicht haben Sie ja Ihre eigenen Vorlie-
ben. Diese auf dem Tolino umzusetzen, ist kein Problem. Sie
benötigen lediglich Schriftarten im. ttf-Format (Truetype).

Dann öffnen Sie über den Computer auf dem als Festplatte angeschlossenen Tolino das (versteckte) Verzeichnis.
/tolino/Fonts, benennen eine der vorhandenen Schriftarten (für alle Fälle) um (etwa in Dosis_bak.ttf), kopieren
Ihre eigene Schriftart in das Verzeichnis und geben dieser
den Namen Dosis.ttf. Wenn Sie nun in einem eBook als
Schriftart „Dosis" auswählen, benutzt der Tolino Ihren
eigenen Font.

Maximale Bildschirm-Helligkeit

Der Bildschirm Ihres Tolino ist eigentlich in jeder Situation
hell genug. Wenn Sie ihn aber mal im Dunklen als Taschen-
lampe verwenden wollen, können Sie seine Helligkeit über
die normale Grenze erhöhen.

Öffnen Sie dazu das Menü und wechseln Sie zu „Einstellungen". Am rechten Ende des Helligkeits-Balkens sehe Sie
eine Sonne. Diese tippen Sie länger an. Daraufhin erscheint
ein Fenster, das Sie vor den Folgen Ihrer Aktion warnt. Klar:
der Akku leert sich dann schneller. Tippen Sie auf „Ja,
bitte", um den Spezialmodus zu aktivieren.

Matthias Matting

Bildschirmschoner austauschen

Wenn der Tolino in den Ruhemodus geht, zeigt er ein nettes Gesicht an – „Tolino schläft". Sie können an dieser Stelle aber auch beliebige eigene Bilder als Bildschirmschoner verwenden, etwa Urlaubserinnerungen oder ein Bild, das zusätzlich Ihren Namen als Eigentümer zeigt.

Der Austausch ist einfach: Erstellen Sie ein Jpeg-Bild mit 1072 x 1448 Pixeln und legen Sie dieses unter dem Namen „suspend.jpg" im Hauptverzeichnis des Tolino ab. Der eReader wird beim nächsten Kurzschlaf dann Ihr Bild verwenden.

Der Trick funktioniert nicht? Dann hängt Ihr Tolino noch am Strom. Das neue Bild zeigt er nämlich nur an, wenn er nicht am Ladekabel hängt.

30 kostenlose Bildschirmschoner

... erhalten Sie hier:

http://www.selfpublisherbibel.de/bildschirmschoner-fuer-tolino-shine-und-tolino-vision-hd-30-kostenlose-suspend-jpg-dateien/

Comics auf dem Tolino lesen

Der Tolino Shine 2 HD unterstützt das gebräuchlichste Comic-Format im eBook-Bereich (CBZ/CBR) nicht direkt. Es gibt unter

http://kcc.vulturis.eu

allerdings den Kindle Comic Converter, der aus solchen Dateien (aber auch aus Jpeg, GIF, PNG oder PDF) eBooks herstellt, die Comics optimal anzeigen. Lassen Sie sich vom Namen nicht verwirren: Wenn Sie als Ausgabeformat „ePub" wählen, kommt der Tolino mit den Ergebnissen gut zurecht. Die Software ist für Windows und MacOS erhältlich. Passend dazu noch zwei Quellen für Comics im Netz:

Flashback Universe

http://www.flashbackuniverse.com
Kostenlose Comics im CBZ-Format zum Download – vor allem im Retrostil.

Golden Age Comics

http://goldenagecomics.co.uk/
Comic-Klassiker, für die das Urheberrecht abgelaufen ist, zum kostenlosen Download (CBZ-Format).

Silbentrennung verbessern

Viele eBooks, vor allem im Blocksatz, lesen sich besser, wenn der eReader in der Lage ist, am Zeilenende eine Silbentrennung durchzuführen. Der Text hat dann keine größeren Lücken mehr. Die Silbentrennung können Sie mit einer Datei aus dem Internet deutlich aufwerten. Laden Sie diese Datei am Computer herunter:

http://www.mobileread.com/forums/attachment.php?att achmentid=102969&d=1363425392
Benennen Sie die ZIP-Datei in hyph_de.dic um (ohne sie vorher zu entpacken). Kopieren Sie sie dann auf Ihren

Tolino in das Verzeichnis /.tolino/hyphenDicts. Dort befindet sich bereits eine gleichnamige Datei, die Sie am besten zur Sicherheit in hyph_de.alt umbenennen.

Notizen am Computer benutzen

Die Notizen und Markierungen, die Sie beim Lesen angefertigt haben, legt der Tolino Shine 2 HD in einer eigenen Datei ab. Diese finden Sie unter dem Namen notes.txt im Hauptordner des Tolino, wenn Sie diesen per USB am Computer anschließen. Sie können sie mit jeder Textverarbeitung öffnen.

Den Tolino Shine 2 HD als Android-Gerät verwenden

Dass auf dem Tolino ein Android-System läuft, wie man es auch von vielen Tablets und Smartphones kennt, hatte ich schon in den Grundlagen-Kapiteln erwähnt. Wer technisch nicht ganz unbedarft ist, kann dies ausnutzen, um den eReader um viele nützliche Anwendungen zu erweitern. Theoretisch jedenfalls, denn dazu ist ein Vorgang nötig, der die Voraussetzung dafür schafft – das so genannte Rooten.

Beim Erstmodell Tolino shine hat es ein paar Wochen gedauert, bis jemand eine Methode ausgetüftelt hatte. Wenn Sie sich bei mir registrieren, schreibe ich Ihnen gern, wenn es so weit ist... (hier klicken: *http://selfpublisherbibel.de/ abonnieren/*)

Rooten befähigt den Anwender, mit allen Rechten auf sein Gerät zuzugreifen, die ihm von der Software sonst verwehrt werden. Dabei handelt es sich um einen absolut legalen Vorgang, der zum Beispiel nichts mit dem (verbotenen) Umgehen eines Kopierschutzes zu tun hat. Durch das Rooten geht Ihnen auch die Herstellergarantie nicht verloren (siehe dieser Artikel: *http://matija.suklje. name/rooting-and-flashing-your-device-does-not-void-the-warranty-in-eu*).

Buchseiten drucken

Der Tolino hat keine Druckfunktion eingebaut, es ist auch aus verständlichen Gründen nicht damit zu rechnen, dass der Hersteller diese irgendwann nachliefert. Wenn Sie trotzdem eine eBook-Seite ausdrucken wollen, könnten Sie den Seiteninhalt wegen der guten Kontraste sehr schön mit einem Flachbett-Scanner abfotografieren.

Ein anderer Trick besteht im folgenden Vorgehen: Öffnen Sie das eBook, das Sie abfotografieren wollen. Blättern Sie bis zu der Seite, die Sie interessiert, und fertigen Sie einen Screenshot an (siehe unten).

Screenshots anfertigen

Der Tolino besitzt auch eine Funktion für Bildschirmfotos. Tippen Sie einfach länger auf den Power-Schalter. Es öffnet sich ein Fenster, in dem Sie „Bildschirmfoto" auswählen können. Das war's – die Fotos landen im Ordner /DCIM, und zwar im PNG-Format. Dabei werden sie sogar in Farbe abgelegt.

Matthias Matting

Infocom-Adventures spielen

Wenn Sie via WLAN im Netz sind, können Sie eines der frühen Textadventures der Firma Infocom ausprobieren: Der Held wird dabei mit wenigen Befehlen durch eine Welt gescheucht, die das Spiel nicht mit bunten Grafiken, sondern rein mit Worten plastisch beschreibt. Die Adresse (funktioniert auch gut im Kobo-Webbrowser):

http://www.portablequest.com/

Arcade-Spiel Kindle Tanks

Dieses Spiel funktioniert auf dem Tolino-Webbrowser – braucht allerdings eine Online-Anbindung:

http://tanks.grandgameportal.ru

Websites schneller laden

Der Trick funktioniert zwar nicht mit allen Internetseiten, aber doch mit vielen: Wenn Sie statt www nur m eintippen, also etwa m.focus.de, dann erscheint die Seite zwar abgespeckt, aber deutlich schneller auf dem Bildschirm.

Mit dem Tolino Zeitung lesen

Lassen Sie sich auf einfache Art täglich die neuesten Nachrichten auf den Tolino schicken. Die Website *http://webtoread.com* erlaubt Ihnen, kostenlos ein Abonnement für

Ihre Lieblingsmedien abzuschließen, etwa FAZ oder FOCUS, Heise oder Spiegel Online.

Achten Sie darauf, dass Sie sich nicht als Besitzer eines Kindle, sondern zum Beispiel eines Android-Geräts zu erkennen geben.

Der Tolino als Reiseführer

Auf der Website *eBookMaps.com* (von einer tschechischen Firma betrieben) können eReader-Besitzer kostenlose Karten für eine große Zahl von Städten weltweit herunterladen. Die Darstellung ist für eInk-Displays optimiert. Ein Straßen-Index ergänzt die Karten. Die Bücher sind im Mobi-Format und als ePub erhältlich – kostenlos, wie gesagt.

In Deutschland sind derzeit Berlin, Dresden, Frankfurt, Hamburg, Hannover, München und Regensburg vertreten. Die Daten für die Städtekarten kommen vom Open-Streetmap-Projekt.

Der Tolino als Übersetzer

Noch ein praktisches Tool für unterwegs. „Google Translate" (*http://translate.google.com/m*) ist die Mobilversion der Website, die man auf dem eReader zum Übersetzen von Worten und ganzen Texten verwenden kann. Dahinter steckt der Google-Translator, der so angepasst wurde, dass er auch auf dem Tolino-Webbrowser einfach zu bedienen ist. Vorausgesetzt natürlich, man hat gerade via Internetzugang.

Matthias Matting

Aktuelle Buch-Verschenk-Aktionen

Seit Anfang 2012 hat die Anzahl der Aktionen rapide zugenommen, bei denen deutsche Verlage oder Autoren ihre eBooks verschenken. Diese Aktionen dauern meist nur wenige Tage. Wenn Sie nichts verpassen wollen, sollten Sie regelmäßig bei diesen Websites vorbeischauen:

- XTME: *http://www.xtme.de*
- E-Literati: *http://www.e-literati.de*
- Best-eBook-Finder: *http://bestebookfinder.com/*
- eBook-Hunts: *http://www.ebook-hunts.de*
- Gratis-eBooks: *http://www.gratis-e-books.de/top-10-gratis-ebooks/*
- Legale kostenlose eBooks: *http://ebooks.2add.info*
- Buchregen: *http://buchregen.com*
- Ebookmeter: *http://ebookmeter.info*
- Gratizone: *http://www.gratizone.com/?db=de*
- Amazon-Forum „Kindle", Thread: Aktuell kostenlose deutsche Kindle-Bücher: *http://amzn.to/Hd8siF*
- Amazon-Forum „eBook", Thread: Listen Sie Ihre Kostenlosen eBooks Hier (GRATIS – FREE): *http://amzn.to/YCHtI8*
- E-Reader-Forum, Board „Werbung": *http://www.e-reader-forum.de/sonstiges/board9-werbung/*

Die eBooks gibt es meist nur wenige Tage kostenlos, achten Sie also unbedingt darauf, ob der Preis wirklich noch bei 0 Euro liegt.

Mit dem Programm Calibre können Sie von Amazon bezogene Bücher in das auf dem Tolino benötigte ePub-Format umwandeln.

Bücher-Schnäppchen

Zu den Gratis-eBooks kommen in letzter Zeit verstärkt preis-gesenkte Titel hinzu – entweder als „Kindle-Deal" (meist Verlagsbücher) oder auch von unabhängigen Autoren. Solche Schnäppchen finden Sie bequem unter

www.ebook-rabatte.de

Dort können Sie auch bestimmte Genres abonnieren oder sich bei einer Preissenkung Ihres Wunsch-Titels informieren lassen. Der Service ist kostenlos.

Bücher aus dem deutschen Gutenberg-Projekt

Die deutschsprachige Version des Gutenberg-Projekts (*http://gutenberg.spiegel.de*) funktioniert etwas anders als die US-Variante: Hier soll man eBooks lieber online lesen oder bei Bedarf auf Datenträger kaufen.

Bequemer ist es allerdings, die Titel als echtes ePub auf den Reader holen zu können. Dabei hilft Ihnen diese Website:

http://www.epub2go.eu

(und zwar kostenlos).

Zeitungen und Zeitschriften für den Tolino abonnieren

Einige Magazine lassen sich auch in direkt auf dem Tolino Shine 2 HD lesbaren Versionen abonnieren. Das hat den Vorteil, dass Sie bequem blättern und alle eReader-Funktionen nutzen können. Dazu gehören:

DIE ZEIT (*https://premium.zeit.de/abo/digitalpaket4* (https://premium.zeit.de/abo/digitalpaket4))

taz (*http://www.taz.de/!106757/*)

Eine umfangreiche Liste aller Zeitungen mit ePaper finden Sie hier:

http://www.bdzv.de/zeitungen-online/e-paper/

Allerdings bieten viele dieser Medien die elektronische Version nur als PDF an. Das kann der Tolino Shine 2 HD zwar auch lesen, bietet aber dabei weniger Komfort.

Bilder / Fotos anzeigen

Der Tolino Shine 2 HD kann leider von sich aus keine Fotos oder anderweitigen Bilder darstellen. Sie können ihm aber Foto-eBooks vorlegen, die Sie leicht selbst erstellen können. Zum einen ist es bei vielen Programmen möglich, in das PDF-Format zu drucken oder zu exportieren. Zum anderen gibt es Programme wie Sigil oder Calibre, die Ihnen aus Word-Dateien (mit Ihren Bildern) ein ePub-eBook erzeugen, das auch der Tolino Shine 2 HD erkennt.

HTML-Dateien anzeigen

HTML-Dateien will der Tolino Shine 2 HD nicht auf den Bildschirm bringen – wenn Sie Ihnen jedoch die Endung. txt geben, klappt's doch.

PDF-Dateien besser lesen

Für PDF-Dokumente ist der Tolino suboptimal. Deshalb empfiehlt es sich, diese etwas vorzubehandeln. Das funktioniert sehr gut mit dem Programm K2PDF, das es für Windows, MacOS und Linux gibt.

Sie können es hier *http://willus.com/k2pdfopt/download/* kostenlos herunterladen. K2PDF verwandelt mehrspaltige, große Dokumente in einspaltige Dateien, die auf dem eInk-Display wirklich weit besser lesbar sind.

EBookWatch für Amazon.de

Ihr Lieblings-Roman ist noch nicht als eBook verfügbar? Auf Wunsch verrät Ihnen der Webdienst *www.ebookwatch. de*, wann es so weit ist, jedenfalls für den Kindlestore von Amazon.com. In der Regel sind dieselben Titel dann auch in anderen Online-Buchläden zu haben.

Kostenlose Spiele

Die Website eBookGamer bietet zahlenden Mitgliedern auf den Webbrowser von eReadern optimierte Spiele und Anwendungen. Vier dieser Spiele lassen sich kostenlos testen, und zwar unter

http://ebookgamer.com/freegames.php
Eine WLAN-Verbindung ist Voraussetzung.

Taschenrechner gefällig?

Wenn Sie sich mit dem Kopfrechnen schwer tun, aber Internetzugang haben, hilft Ihnen dieser Link weiter:

http://kinstant.com/calculator/

Routenplanung mit dem Tolino

Ihr Smartphone hat schon wieder keinen Saft mehr – aber Sie haben sich auf Google Maps verlassen, um Ihr Ziel zu finden? Schalten Sie einfach den Tolino ein und öffnen Sie diese Website:

http://kinstant.com/maps/

Sie haben gerade kein WLAN? An deutschen Bahnhöfen kommen Sie mit dem Tolino ziemlich sicher ins Netz.

Dateien für den Tolino umwandeln

Sie können Dokumente aller Art auch direkt im Netz in ein für den Tolino verständliches Format bringen. Zwei Tipps dazu:

ConvertFiles (*http://www.convertfiles.com*) nimmt irgendeine Datei aus dem Netz oder von der Festplatte Ihres Computers und verwandelt diese zum Beispiel in ein ePub-eBook.

OnlineConvert (*http://ebook.online-convert.com/convert-to-epub*) nimmt direkt das ePub-Format als Ziel, wobei Sie noch weitere Parameter einstellen können. So lässt sich etwa der Seitenrand justieren.

Webseiten für den Tolino zubereiten

GrabMyBooks ist eine Erweiterung für die Webbrowser Chrome und Firefox, die Webseiten in eBooks umwandelt. Sehr praktisch!

http://www.grabmybooks.com

Eine andere Erweiterung mit ähnlicher Funktion ist Tinderizer:

http://tinderizer.com

Fanfiction auf Tolino downloaden

Auf der Seite Fanfiction.net finden Sie einen riesigen Vorrat an Texten, die – von Fans geschrieben – das Universum bekannter Bücher erweitern. Diese Texte können Sie zunächst nur online lesen. Es gibt aber ein praktisches Tool (leider nur für Windows), das daraus auch Tolino-kompatible eBooks erzeugt:

http://fanfictiondownloader.net/features.php

eBooks aus Blogs erstellen

Wenn Sie gern bestimmte Blogs lesen, das aber lieber in Ruhe und ohne Internet-Verbindung, dann helfen Ihnen verschiedene Internet-Dienste bei der Umsetzung.

Probieren Sie doch mal einen dieser sechs Dienste aus, die jeweils eigene Stärken und Schwächen haben:

Blogxp (http://www.bloxp.com) ist ein überaus einfach

zu nutzender Dienst, der Blogs anhand ihres RSS-Feeds in eBooks verwandelt. Pluspunkt: Für jedes Blog (auch fremde). Minuspunkt: Maximal 250 Posts.

Anthologize (http://anthologize.org/) ist ein Plug-in für WordPress, mit dessen Hilfe Sie die Inhalte Ihres Blogs in ein eBook verpacken können. Pluspunkt: Inhalt und Struktur lassen sich editieren. Minuspunkt: nur für WordPress verfügbar.

Zinepal (http://www.zinepal.com/) ist ein Webservice, der Webseiten und Blogs beziehungsweise RSS-Feeds zu eBooks zusammenstellt. Pluspunkt: Erzeugt auch PDF. Minuspunkt: Struktur kaum einstellbar.

eBookGlue (https://www.ebookglue.com/) greift ebenfalls auf den Feed eines Blogs zurück und erstellt daraus Kindle- oder Mobi-eBooks. Pluspunkt: Auch als API verfügbar. Minuspunkt: Registrierung (kostenlos) nötig bei häufiger Nutzung.

dotEPUB (http://dotepub.com/) kann sowohl als WordPress-Plugin als auch als Bookmarklet- oder Browser-Extension verwendet werden und erzeugt ePubs und Mobis aus damit gesammelten Seiten. Pluspunkt: Bequeme Nutzung. Minuspunkt: Liest keine RSS-Feeds.

PressBooks (http://pressbooks.com/) ist ein auf WordPress basierendes Content-Management-System, das speziell zur Erzeugung von eBooks (ePub, Mobi, PDF) optimiert ist. Pluspunkt: Sehr mächtig. Minuspunkt: Komplizierter als andere Tools.

Neue Wörterbücher installieren

Der Tolino nutzt für seine Übersetzungs- und Nachschlage-funktion Wörterbücher im Quickdic-Format (Open Source, da hat die Tolino-Allianz nicht besonders umfangreich inves-tiert). Einen riesigen Vorrat solcher Wörterbücher (allerdings in unterschiedlicher Qualität) finden Sie hier:

http://code.google.com/p/quickdic-dictionary/downloads/list
Die Liste enthält über 500 Einträge. Suchen Sie die Sprachpaare, die Sie interessieren. Arabisch, Esperanto, He-bräisch, Japanisch, Katalanisch, Mandarin – auch exotische Sprachen sind dabei. Wenn die Abkürzung „DE" enthalten ist, übersetzt das Wörterbuch aus dem Deutschen und ins Deutsche. Orientieren Sie sich am Umfang, was die Qualität des Wörterbuchs betrifft.

Die meisten Wörterbücher speisen sich aus öffentlich zugänglichen Quellen, etwa dem Wiktionary. Wenn ein Wör-terbuch nur wenige hundert Kilobyte groß ist, können Sie keine umfassenden Übersetzungen erwarten.

Laden Sie die gewünschten Wörterbücher herunter. Ent-packen Sie die ZIP-Datei – Sie erhalten eine Datei mit der Endung. quickdic. Kopieren Sie diese Datei auf Ihren Tolino, und zwar in das Verzeichnis **./tolino/dictionaries**. Wenn Sie nun Ihren Tolino wieder vom Computer abkoppeln, ein Buch öffnen und ein Wort übersetzen lassen, bietet Ihnen das Gerät das neue Sprachpaar an.

Sie sind mit den kostenlosen Wörterbüchern nicht zufrie-den? Ich biete schon seit längerem für den Amazon Kindle Wörterbücher an, zum Beispiel auch Spanisch-Deutsch, Portugiesisch-Deutsch oder Russisch-Deutsch. Eine kom-plette Liste finden Sie hier:

http://selfpublisherbibel.de/tipp-worterbucher-auf-dem-kindle-und-paperwhite/

Leider kann ich diese Wörterbücher auf der Tolino-Plattform nicht verkaufen. Wenn Sie mir jedoch eine Amazon-Kaufbestätigung darüber schicken, erhalten Sie von mir im Tausch das entsprechende Wörterbuch im für den Tolino nötigen Format. Probieren Sie es aus.

Eine Android-App, die ebenfalls diese Wörterbücher nutzt, finden Sie hier:

https://play.google.com/store/apps/details?id=com.hughes.android.dictionary&hl=de

Perfekte Browser-Startseite

Nicht jede Website stellt der Tolino-Browser optimal dar. KInstant hat deshalb Seiten gesammelt, die auf eInk-Displays besonders gut aussehen. Stellen Sie die URL am besten als Startseite ein:

http://kinstant.com

Wikipedia als elektronisches Buch

eReadups hat sich zur Aufgabe gesetzt, Sie mit eReader-tauglichen Versionen von Wikipedia-Artikeln zu versorgen, kostenlos natürlich:

http://www.ereadups.com

Wenn nichts mehr geht

Wie jedes elektronische Gerät, stürzt auch der Tolino manchmal ab, sogar eher selten. Falls das doch mal passiert, können Sie sich fast immer selbst helfen, und zwar mit einem Reset. Dazu gibt es verschiedene Möglichkeiten.

Software-Reset: Nehmen Sie eine aufgebogene Büroklammer und pieksen Sie damit in das kleine Loch neben der Ladebuchse. Der Tolino startet neu. Alle Daten bleiben erhalten.

Zurücksetzen auf Werkseinstellungen: Diese Funktion erreichen Sie im Einstellungsmenü auf der dritten Bildschirmseite. Antippen der „Zurücksetzen" Schaltfläche löst den Vorgang aus. Dabei gehen alle auf dem Gerät gespeicherten eBooks sowie Einstellungen und Kennwörter verloren. In der Telekom-Cloud gespeicherte eBooks bleiben erhalten.Recovery-Modus: Damit lässt sich auch ein fehlgeschlagenes Update rückgängig machen, indem eine versteckte Kopie der Systemsoftware auf das Gerät gespielt wird. Um den Recovery-Modus zu aktivieren, halten Sie beim Einschalten des Tolino den Home-Button gedrückt, und zwar für etwa 30 Sekunden. Im folgenden Bildschirm navigieren Sie mit dem Home-Button. Gehen Sie auf „System zurueck setzen (alle Dateien löschen)". Danach mit dem Home-Key bis zur Zeile „Ja, System zurueck setzen" und bestätigen Sie mit dem Power-Schiebeschalter.

Den Tolino-Speicher sichern

Das Backup Ihrer eBooks in der Telekom-Cloud ist praktisch. Aber wenn Sie viel mit Sammlungen arbeiten, gehen Ihnen diese bei einer Neuinstallation oder beim Gerätewechsel verloren. Liegt Ihnen viel daran, sollten Sie den Speicher des eReaders regelmäßig auf dem Computer sichern.

Code vergessen – was tun?

Sie haben Ihren Tolino mit Zahlencode gesperrt – aber nun vergessen, welche Ziffern Sie eintippen müssen? Das ist nicht schlimm. Es gehen allerdings alle Inhalte auf dem Gerät verloren, die nicht in der Cloud gesichert sind.

Führen Sie dann einen Reset aus: Schalten Sie das Gerät aus. Danach halten Sie Power-Schalter und Home-Button gleichzeitig fest, bis das Display doppelt blinkt. Sie landen im Recovery-Menü des Tolino. Darin können Sie sich mit dem Home-Button bewegen. Navigieren Sie zu „System zurueck setzen (alle Dateien löschen)" und bestätigen Sie Ihre Auswahl durch Drücken des Power-Schalters.

Tolino will nicht mehr laden

Sie haben Ihren Tolino erst „leergelesen" und dann ein paar Wochen liegen gelassen? Dann ist der Akku eventuell schon so leer, dass sich das Gerät nicht mehr laden lässt.

Zumindest am Computer – der offenbar nicht genug Strom liefert. Abhilfe liefert hier ein starkes Apple-USB-Netzteil mit mindestens 1,5 A Output (am USB-Port des Computers liegen meist nur 0,5 A).

Impressum
Matthias Matting
Sieglgut 51
94034 Passau
Kontakt: matting@matting.de
www.selfpublisherbibel.de

Matthias Matting

Register

Matthias Matting

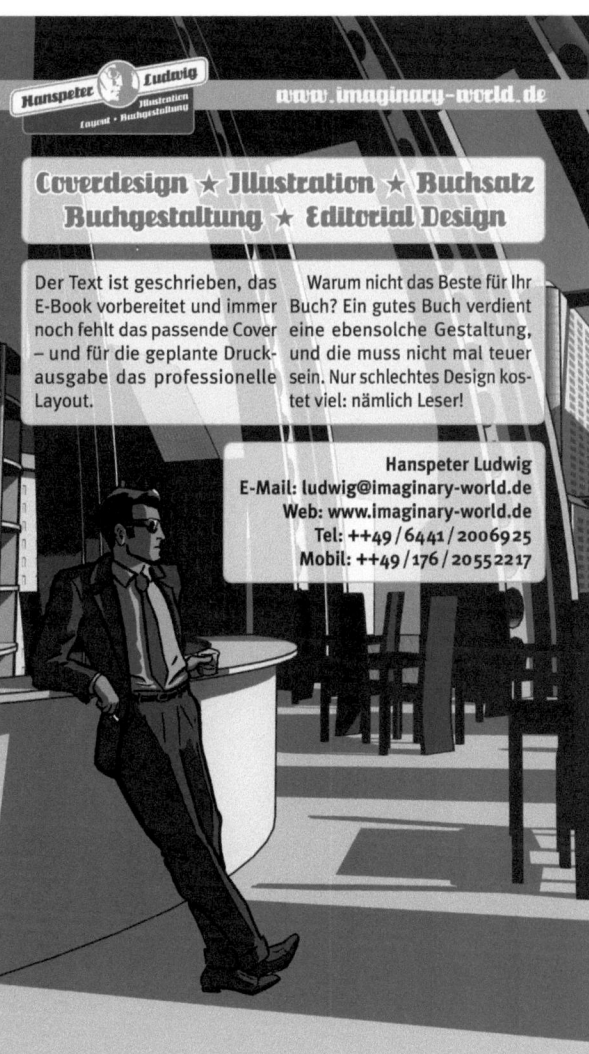